여기까지 참 잘 왔다
시즌 2

여기까지 참 잘 왔다 시즌 2

발행일	2025년 9월 5일
지은이	김경애, 김연희, 김정갑, 김정숙, 문현순, 박은경, 신미앵, 양정회, 이상순, 홍순옥
펴낸이	손형국
펴낸곳	(주)북랩
출판등록	2004. 12. 1(제2012-000051호)
주소	서울특별시 금천구 가산디지털 1로 168, 우림라이온스밸리 B동 B111호, B113~115호
홈페이지	www.book.co.kr
전화번호	(02)2026-5777 팩스 (02)3159-9637
ISBN	979-11-7224-787-4 03810 (종이책) 979-11-7224-788-1 05810 (전자책)

잘못된 책은 구입한 곳에서 교환해드립니다.
이 책은 저작권법에 따라 보호받는 저작물이므로 무단 전재와 복제를 금합니다.
이 책은 (주)북랩이 보유한 리코 장비로 인쇄되었습니다.

작가 연락처 문의 ▶ ask.book.co.kr
전용 게시판에 문의를 남기시면 저자에게 직접 전달됩니다.

(주)북랩 성공출판의 파트너
북랩 홈페이지와 SNS에서 다양한 출판 솔루션을 만나 보세요!

홈페이지 book.co.kr • **블로그** blog.naver.com/essaybook • **출판문의** text@book.co.kr
카톡채널 북랩

나에게 쓰는 편지 　시즌 2

여기까지 참 잘 왔다

김경애, 김연희, 김정갑, 김정숙, 문현순,
박은경, 신미앵, 양정회, 이상순, 홍순옥

북랩

들어가는 글

　2024년 1월 정원희 작가와 중동 크루즈 여행, 두바이 일주일 살아보기를 함께 했다. 〈글쓰는사람들〉 모임이 있다는 것을 처음 알았다. 나는 평소 책을 잘 안 보는 사람이라 나하고는 별 상관이 없다고 생각했다. 그러다가 먼저 시작한 정도영 작가의 소개로 무료 특강을 듣게 되었다. 그때부터 생각이 조금 달라졌다. 꼭 글을 쓰지 않더라도 한번 해보자. 여러 사람이 같이 책을 읽고 글쓰기 공부하는 게 재미있을 것 같다는 호기심이 생기기 시작했다.
　지난해 10월 밀양에서 있었던 〈여기까지 참 잘 왔다〉 출판 기념회에 다녀오고 계속 생각했다. 나도 할 말 많은데 '한번 써 볼까?' 하는 마음이 생겼다.

　나에게는 열두 살 아래 동서가 있다. 나이 차는 있지만 마음이 잘 통한다. 친구같이 편하게 지낸다. 나와 자주 이야기 나누며 그간 있었던 여러 일을 그냥 묵히기는 너무 아깝다고 했다. 나에게 책을 한번 써보라고 권한 적도 있었다. 그때는 그냥 지나가는 말로 여겼다. 20년이 지난 지금, 동서의 말대로 진짜 나는 작가가 되고 글 쓰는 사람이 되었다.

일 년에 한 번 〈글쓰는사람들〉에서 진행하는 '글쓰기 캠프'에 참여한다. 작년에는 경주 계림스테이, 이번에는 창녕 우포 생태촌에서 1박 2일 일정으로 열렸다. 3월 말이라 캠프로 가는 길은 봄 분위기가 한창이었다. 매주 줌 화면으로만 보던 작가들을 직접 만나는 자리였다. 처음 만나는 작가들도 있었다. 전혀 어색하지 않았다. 오히려 반가워 부둥켜안고 방방 뛰기도 했다.

점심으로 영양 가득한 연잎밥, 상큼한 물김치, 간이 딱 맞는 보들보들한 나물까지 건강밥상으로 차려졌다. 준비한 이의 정성이 느껴졌다. 우리 모두 소풍 나온 어린 소년 소녀들 같았다.

오후에는 특강이 준비되어 있었다. 정원희 작가가 캔바로 전자책 표지 만드는 방법을 알려주었다. 각자 자신의 전자책 표지를 만들며 실습했다. 『황금 멘탈을 만드는 60가지 열쇠』의 저자인 이은대 작가의 특강이 이어졌다. "내 새끼가 읽는다는 마음으로 글을 써라", "글이 좋아지면 삶도 좋아진다"라고 했다. 글 쓰는 삶이 점점 좋아지기 시작했다. 재미있어지기 시작했다. 삶이 달라지기 시작했다.

정원희 작가가 운영하는 '이지라이팅' 채팅방에서 '글쓰기 챌린지'가 21일 단위로 이어지고 있다. 좋은 생각 글쓰기, 새벽 글감 배송, 세 줄 쓰기, 열 줄 쓰기, 사진 일기, 롱블랙(LongBlack) 읽고 쓰기, 인생 규칙, 『다산의 마지막 습관』 읽고 쓰기, 편지글 챌린지까지. 매번 정원희 작가는 새로운 글감으로 우리를 자극한다.

매일 글을 써야 하는 '21일 글쓰기 챌린지'는 부담스럽고 어렵다. 그러면서도 다음 주제가 어떤 것일지 궁금하고 기다려진다. 채팅방에 올라오는 다른 작가들의 글을 읽는 재미도 빼놓을 수 없다.

지난겨울, 몰타, 이스탄불 여행 중 비행기에서도, 버스를 기다리면서, 시칠리아로 가는 배 안에서도 블로그에 글을 써서 발행했다. 하루 종일 그날의 글감에 대해 생각했다. 언제 어디서든 글을 쓸 수 있는 사람이 되어가고 있다.

나에게 보내는 편지 『여기까지 참 잘 왔다』는 지난해에 이어 이번에도 같은 구성으로 기획되었다. 매해 열 명의 인생에 대한 글이 발행될 예정이다.

첫 번째 장은 딸로서의 나, 부모님의 소중한 딸로 살아온 여정을 담았다. 부모님의 사랑으로 성장한 어린 시절과 철없던 학창 시절 이야기, 문득문득 떠오르는 부모님의 따뜻했던 기억들이 나를 지탱해 주는 힘이 되었음을 이제야 깨닫는다. 부모님 생각에 그리움으로 사무치는 시간이었다.

두 번째 장은 아내로서의 나, 누군가의 아내로 살아온 세월을 이야기했다. 고속버스에서 우연히 나란히 앉게 되어 인연이 된 부부, 부모님과 보낸 시간보다 더 오랜 세월을 함께한 남편과 이제는 인류애로 채워가고 있다는 부부. 결혼생활 중 마주한 위기를 신앙의 힘으로 극복했다는 부부의 이야기, 긴 세월 응어리졌던 마음속 이야기를 털어놓았다.

세 번째 장은 엄마로서의 나, 아이를 키우며 엄마로 살아온 이야기다. 워킹맘으로 엄마의 손길이 필요한 시기에 함께하지 못한 미안함, 풍족하지 못한 환경에서도 바르게 잘 자라주어 고맙다는 엄마. 초보 엄마로 아이들과 함께했던 많은 시간이 우리 모두의 성장에 밑거름이 되었다. 아이들 덕분에 엄마도 그만큼 성장한 우리의 이야기다.

마지막 장은 지금의 나를 썼다. 딸, 아내, 엄마의 역할이 아닌 나 자신에 관해 이야기했다. 오직 나만을 위한 시간을 계획하고 살아간다. 21일 챌린지를 도전하며 전자책 쓰고, 글 쓰는 할머니로 남고 싶다는 작가, 퇴직 후 시간 구애 없이 새로운 배움과 여행, 하고 싶었던 일을 하며 도전하는 삶을 살고 있는 작가들의 이야기가 있다. 나이는 숫자에 불과하다. 이제 나만의 인생, 내가 주인공이 되어 살아갈 너의 꿈을 응원한다.

지금까지 잘 살아온 인생을 뒤돌아보는 시간이었다. 한 줄 한 줄

써 내려간 글들, 고치고 또 고치고 드디어 한 권의 책이 되었다. 열명의 초보 작가의 인생 전반전이 담겨 있다. 여러 역할을 해내며 잘 살아온 여정을 축하하고 싶다. 힘들었던 지난 시간을 잘 견뎌낸 사람들을 조금이나마 위로할 수 있었으면 좋겠다. 지금부터 인생 후반전을 더 멋지게 살아보고 싶은 이들에게도 희망이 되었으면 한다.

함께하는 사람이 있다는 건 큰 힘이 된다. 혼자였으면 중간에 포기했을지도 모르지만 함께여서 끝까지 할 수 있었다. 그동안 함께한 공저자들에게 정말 수고 많았다고 칭찬하고 싶다. 읽고 쓰고 고치기를 거듭하여 끝까지 우리를 이끌어 준 정원희 작가에게 감사의 마음을 전한다.

글 쓰는 삶을 응원합니다

2025년 8월
양정회

차 례

들어가는 글　　　　　　　　　　　　　　　　　　5

1장
세상의 모든 딸

1-1. 모두의 딸로 살아 온 시간　김경애　　　　　17
1-2. 멀리 더 멀리　김연희　　　　　　　　　　　23
1-3. 너거 집 사면 밥 먹을게 하시더니　김정갑　　29
1-4. 세상에서 가장 멋진 우리 아버지　김정숙　　35
1-5. 아버지의 무뚝뚝함도 사랑이었다　문현순　　40
1-6. 캥거루 맘 나의 어머니　박은경　　　　　　45
1-7. 아버지의 발　신미앵　　　　　　　　　　　51
1-8. 장녀의 시간　양정회　　　　　　　　　　　57
1-9. 기도 소명 받은 첫째 딸　이상순　　　　　　63
1-10. 밥솥이 깨졌어　홍순옥　　　　　　　　　　69

2장
인생의 동반자를 만나다

2-1.	내 인생의 로또 김경애	77
2-2.	인간애로 살아요 김연희	83
2-3.	별 남자 별 여자 없더라 김정갑	89
2-4.	자줏빛 소국 한 다발 김정숙	95
2-5.	33년 동안 3번의 가출 문현순	100
2-6.	우리는 톱니바퀴 부부 박은경	106
2-7.	아가씨! 우리랑 살면 참 잘 살겠어요 신미앵	112
2-8.	영원한 내 편 양정회	118
2-9.	속아 살아온 이마 잘생긴 남자 이상순	124
2-10.	너라고 하지 마 홍순옥	130

3장
엄마를 선택해 줘서 고마워

3-1. 아이와 나 함께 자란 시간 김경애   139

3-2. 네 번의 기적 김연희   145

3-3. 아직도 볼 수 없는 내 딸 영아 김정갑   151

3-4. 엄마도 가고 아빠도 가고 김정숙   157

3-5. 자녀들과 엄마는 멘티와 멘토다 문현순   162

3-6. 너희들이 있어 엄마는 참 행복해! 박은경   168

3-7. 나는 큰 그릇이 될 거야 신미앵   174

3-8. 엄마처럼 나이 들고 싶어 양정회   180

3-9. 자립심 강한 아들딸 이상순   186

3-10. 직장 선배 같아 홍순옥   192

4장
지금이 가장 아름다운 나

4-1.	지금, 나로 피어나다 김경애	201
4-2.	68세에 글쓰기 김연희	206
4-3.	웰-다잉 글 쓰는 할머니 김정갑	211
4-4.	죽었나? 살았나? 김정숙	217
4-5.	단단함은 살아가는 힘이다 문현순	223
4-6.	나답게 살자 박은경	229
4-7.	번데기 나비되어 날다 신미앵	235
4-8.	삶의 유연함을 배우다 양정회	240
4-9.	나는 내가 키운다 이상순	246
4-10.	나답게 홍순옥	251

마치는 글　　　　　　　　　　　　　　　256

제1장

세상의
모든 딸

1-1.
모두의 딸로 살아온 시간

김경애

　2년 전 아들이 결혼했다. 몇 개월 전 할머니가 되었다. 아침이면 핸드폰으로 손녀가 기고 서고 하는 모습이 실시간으로 올라온다. 동영상을 보며 가족들은 '좋아요'와 하트를 누른다. 남자만 있는 집안에 예쁜 손녀는 우리의 모든 일상을 바꾸어 놓았다. 그 작은 생명을 바라보다 문득 내 마음 깊은 곳에서 울림이 일었다. 나도 태어났을 때 가족들의 축복을 받았을까?

　주말 저녁 온 가족이 모여 저녁을 먹고 있었다. 남편이 리모컨을 들어 TV를 켰다. 화면에는 할머니와 함께 살아가는 한 소녀의 일상이 소개되고 있었다. 아들이 말했다. "우리 엄마 울 것 같은데…." 가족들이 동시에 나를 바라보았다. 나의 두 눈에는 어느새 눈물이 흐르고 있었다.

　나는 할머니를 '엄마'라 부르며 자랐다. 할머니가 가는 곳이면 어디든 따라다녔다고 한다. 치맛자락을 꼭 붙들고 부끄러워하면서도 누군가 말을 걸면 또박또박 대답도 잘했다고 한다. 할머니 친구들이 "나중에 아나운서 하면 되겠어" 하면 무슨 뜻인지도 모른 채 조잘조잘했다고 한다.

  나에게는 왼쪽 귓불 아래 작은 봉합 자국이 있다. 어릴 적, 두부공장 계단에서 굴러 떨어지다 날카로운 모서리에 귀를 부딪쳐 살이 찢어졌다고 한다. 피를 철철 흘린다는 소식을 듣고 몸이 불편한 할아버지가 달려왔다. 우는 나를 진정시키며 업고 병원으로 뛰었다고 한다. 병원에 도착해서는 의사 선생님께 "선생님, 치료비는 얼마가 들어도 좋으니 우리 손녀 잘 부탁합니다"라며 의사 선생님께 몇 번이나 절을 했다고 한다. 평소엔 무뚝뚝하던 할아버지였기에 그날의 간절한 모습에 할머니는 감동했다고. 할아버지는 시장에 가게 되면 내가 좋아하는 사과를 꼭 사 왔다고 했다. 할아버지는 어릴 때 돌아가셔서 모습은 기억이 잘 나지 않는다. 하지만 할머니를 통해 알게 되는 여러 이야기는 할아버지가 나를 얼마나 소중하게 생각했는지 알 수 있었다.

  초등학교에 입학하고 나서 알게 되었다. 학교 소풍날에도 비 오는 날에도 친구들처럼 '엄마'가 오지 않는다는 것을. 노란 우산을 들고 내 앞에 서 있던 사람은 언제나 할머니였다. 할머니에겐 여덟 명의 자식이 있었고 그중 우리 엄마는 막내딸이었다. 손자 손녀도 많았지만 할머니에게 나는 모든 것에서 1순위였다. 그땐 그것이 당연한 줄 알았다. 세월이 흐른 뒤, 사촌 오빠와 동생들이 말했다.

"우리도 할머니의 사랑을 받고 싶었는데 늘 네가 먼저였기에 서운했어."

이모인 줄 알았던 엄마는 다른 지역에서 일했고 가끔 집에 왔다. 올 때면 친구들에게 없는 특이한 장난감을 한 아름 안겨주곤 했다. 그럴 때마다 할머니와 엄마는 어김없이 언쟁을 벌이셨다. 정확한 이유는 기억나지 않지만 아낌없이 쓰는 엄마의 소비 성향 때문이었을 것이다. 초등학교 시절, 친구들은 끼니나 학비를 걱정했지만 나는 그런 걱정을 몰랐다. 할머니는 항상 깨끗한 옷을 나에게 입혔다. 도시락도 친구들과 나누라며 하나 더 싸 주었다. 육성회비를 내지 못해 복도에 서 있는 친구들이 있었지만 나는 그런 일을 겪지 않았다. 그 모든 것이 할머니 덕분이었다.

어느 날, 먼 친척 오빠가 부산으로 오면서 할머니는 하숙을 시작했다. 집엔 대학생 오빠들이 모여들었고 조용하던 집은 늘 시끌시끌했다. 부모님의 부재를 느낄 틈 없이 나는 오빠들에게도 많은 사랑을 받았다. 그러던 겨울의 어느 날 일상이 무너졌다.

할머니가 혈압으로 쓰러졌다. 왼쪽이 마비되었다. 일상생활을 할 수 없었다. 할머니는 누군가에 의지해야만 했고 긴 투병 생활이 시작되었다. 나는 고등학교 입학을 앞두고 있었다. 모든 것은 한꺼번에 밀려왔다. 엄마의 사업도 그즈음 어려워졌고 삼촌과 이모들도 여러 일이 생겼다. 모두가 힘든 시기였다. 누군가는 생활을 책임져야 했다. 사람들은 "학교에 가라"며 도와주겠다고 했지만 도움을 받을 수 없었다. 그때 나는 자존심이 너무 강한 아이였다. 지금 생각하면 왜 그랬을까. 도움을 받았다면 내 삶은 조금 더 달라졌을 수도 있지 않을까? 가보지 않은 길. 가끔은 궁금하다.

친구들과는 다른 길을 걸었다. 낮에는 일하고 밤에는 학교에 다녔다. 힘든 줄 몰랐기에, 버스에서 친구들을 만나도 늘 당당했다. 첫 월급을 할머니께 드리자 "이걸 내가 어찌 받겠니?"라며 펑펑 우셨다. 그땐 할머니의 마음을 이해하지 못했다. 몇 년 전 작은 아이가 아르바이트하며 받은 첫 월급이라며 내밀었을 때 나도 모르게 울컥했다. 그 봉투는 소중히 간직하고 있다. 할머니는 언제나 나를 자랑스러워했다. 장학금을 받고 학교에 다니고 속 썩인 적 없는 손녀라며 이웃에 자랑했다. 어쩌면 나는 그 기대에 부응하기 위해 열심히 살았는지도 모른다. 형제는 없었지만 사촌들과 잘 지냈고 이모들은 자녀들과 똑같이 나를 대했다. 삼촌들은 든든한 나무처럼 내 곁을 지켜 주었다. 나는 참 많은 사랑을 받으며 자랐다. 그 따뜻한 품과 수많은 손길과 눈빛이 나를 지금의 나로 키워주었다.

사춘기는 조금 늦게 왔다. 고등학교를 졸업하고 해운회사에 취업했다. 지금과는 다른 사회생활이 시작되었다. 그러면서 세상과 나에 대해 예민해졌다. 나는 독립하겠다며 할머니와 부딪히기도 했다. 지금 생각하면 참 철없던 시간이다.

할아버지 제삿날. 나는 큰집에 가기 위해 준비하다가 할머니와 사소한 일로 다투게 되었다. 어떤 문제였는지 기억이 나지 않지만 아마도 내가 짜증을 많이 낸 것 같다. 화를 내며 집을 나오는데 계속 마음에 걸렸다. 집 앞 슈퍼에서 요구르트를 샀다. "여기 있어요." 퉁명스레 말하며 마루에 올려두었다. 할머니는 화가 났을 텐

데도 그냥 환하게 웃었다. 큰집에 도착해 전화했다. 연결이 되지 않았다. 불안한 마음에 옆집 이웃에게 가 봐달라고 했다. 조금 있다가 연락이 왔다. 할머니가 장독대에 쓰러지셨다고. 그때 나는 알았다. 내가 얼마나 잘못했는지를. 달려가 마지막으로 본 할머니의 얼굴은 잊을 수 없다. 이미 숨이 멈췄다고 사람들은 말했지만 할머니의 눈에서는 눈물이 계속 흘렀다. 사람들은 내 걱정 때문일 거라 했다.

할머니가 없는 세상은 상상할 수 없었다. 난 스무 살이었다. 나는 삶이 두려웠고 방황했다. 매일 산소에 갔고 말수가 줄었다. 삶과 죽음, 사랑과 상실에 대해 처음으로 깊이 생각하게 되었다. 그 어둠 속에서 나를 일으킨 건 책이었고 곁을 지켜 준 친구들이었다. 그리고 지금은 별이 되어 하늘에서 나를 지켜보고 있는 삼촌과 이모들의 사랑이었다.

얼마 전 명절, 아이들과 함께 막내 이모 집을 방문했다. 여든을 바라보는 이모는 점점 기억을 잃어가고 있다고 한다. 이모는 내 손을 꼭 잡고 말했다. "아이코 예쁜 내 새끼, 기특하지." 아이들은 어리둥절해했지만 나는 알 것 같았다. 이모는 중년이 된 나를 아직도 할머니 품에서 놀던 그 꼬마로 기억하고 있다는 것을. 아이들에게 이모는 말했다. "경아는 대단하데이. 내 조카야."

특별하지도, 성공하지도 않은 나지만 이토록 사랑의 시선을 받으며 '모두의 딸'로 살아온 시간은 있다. 할머니의 깊고 따스한 사랑, 삼촌과 이모들의 넉넉한 품, 할머니 친구들, 동네 어르신들, 선생님들과 교회 식구들까지 그 모든 이들의 사랑 안에서 나는 자라났고 삶을 배웠다. 많은 사랑을 받았기에 나는 수많은 여정 속에서도 잘 버텨낼 수 있었다. 그리고 이제야 나에 대해 말하지 못했던 시간을 글로 마주하고 있다. 앞으로, 조금은 다르게 성장한 나의 이야기를 더 많은 이에게 들려주고 싶다.

1-2.
멀리, 더 멀리

김연희

주말이면 아버지와 어머니는 시장에 가셨다. 외출 준비할 때면 아버지는 드라이기로 정성껏 앞머리 웨이브를 살린다. 신중하게 고른 듯한 옷차림, 거울 앞에서 한 번 더 옷매무새를 단장하였다. 어머니는 마당에서 우릴 보며 우리 집은 외출할 때 남자가 단장하는 시간이 더 길다며 웃었다. 단장이 끝나면 아버지는 자전거에 어머니를 태웠다. 이웃에게 잉꼬부부라고 소문이 났다.

우리 삼 남매가 아주 어렸을 때는 밖에서 방문 잠그고 나갔다. 네 짝짜리 미닫이문이었다. 안에서 잠그고 밖에서 열쇠 잠그는 구조였다. 부모님이 멀리 사라지는 걸 확인하면, 나는 아버지가 하는 걸 보았던 그대로 따라 손으로 돌려 잠근 고리 열고 나와 마당에서 놀았다. 마당이 지루해지면 뒷마당 담 타고 지붕 위로 올라가 부모님 오기 기다렸다. 멀리서 부모님이 돌아오는 모습이 보이면 재빠르게 내려와 방 안으로 들어가 문 잠갔다. 다행히 그 비밀은 끝내 들키지 않았다.

우리 가족 의식주는 아버지 혼자 고민하고 결정했다. 겉옷은 물론이고 속옷까지 아버지가 정해 주는 대로 입어야 했다. 어머니는 그저 받아들였다. 어머니는 젓갈을 좋아했지만, 아버지 없을 때만 먹었다. 아버지는 소고기는 드셨지만 돼지고기, 닭고기를 싫어하셔서 한 번도 먹어보지 못했다. 중학교 삼 학년 겨울 방학 때 혼자 서울 작은 집에 놀러 갔다. 처음 먹어본 돼지고기볶음이었다. 생강과 양파 넣은 돼지고기볶음은 담백하고 부드러운 식감 양파의 달콤함이 아우러져 놀라울 정도로 맛있었다.

아버지는 저녁마다 목욕하셨다. 어머니는 하루도 빠지지 않고 아버지 목욕물을 준비하고 도와주었다. 두 분만의 특별한 시간이었다. 잘 웃었고 이야기도 많이 했다. 새벽 잠결에 두 분의 대화를 자주 들었다. 그렇게 이야기를 많이 했지만, 밥 먹을 때만은 조용했다. 아버지 규칙에 따라야 했다.

저녁 식사 후 두 분은 매일 콜드크림으로 얼굴 마사지했다. 어머니는 일주일 한번 얼굴에 거즈 덮어 달걀 마사지도 하였다. 나도 그 영향을 받아 모델링 팩, 피부관리실에서 수기 피부관리를 꾸준하게 하고 있다. 세 딸도 그대로 관리하고 있다. 남편과 아들은 시트 팩만 한다.

아버지와 다투는 날이면 어머니는 나에게 와서 케케묵은 사연들까지 꺼내어 하소연하였다. 결혼하고 부모가 되어보니 어머니나 아버지 중 누가 더 좋고 더 나쁜 사람도 아니었다. 화가 나면 안 좋은 것만 생각이 날 뿐이었다.

어릴 때부터 엄마 대신 '어머니'라고 불렀고 존댓말을 했다. 어머니는 '엄마' 소리 듣고 싶다고 했다. 애들이 반말하는 것이 더 친근감 있어 좋다고 했다. 하지만 아버지 방식에 따라야 했다.

초등학교 2학년 때 아버지는 해군 UDT로 월남전에 파병되었다. 전투병 아니고 행정병이라 그나마 어머니는 안심하였다. 어머니는 아버지 대신 나를 의지했다. 어디를 가든 나를 데리고 다녔다. 시장 따라갈 때는 내가 좋아하는 찹쌀떡, 꿀빵도 사주셨다. 아버지가 사 왔던 간식이다. 반찬거리도 결국 아버지가 샀던 대로 어머니도 했다. 어머니는 동네 친구 몇몇하고만 왕래했다.

학교에서 돌아오면 같은 모양의 접시에 정확하게 같은 분량 간식을 담아 준비해 두었다. 어머니는 아들딸 차별받고 자랐다고 했다. 남동생과 딸인 나를 차별하지 않으려고 작은 것 하나에도 배려했다. 그 모습은 나에게 깊이 각인 되어 내 아이들에게 그대로 했다.

아버지 대신 나에게 어머니의 삶에서 일어나는 상황, 감정 등을 이야기하였다. 어머니는 내가 이야기하면 고개를 끄덕이며 무조건 내 편이 되어 들어주었다. 어머니가 그랬던 것처럼 나도 아이들의 말을 잘 들어 준다. 나도 어머니처럼 무조건 아이들 편이 되어 주고 있는지 살펴보게 된다.

아버지는 유난히 코가 높고 눈매가 옆으로 길어 차가운 인상이다. 단정한 옷차림과 반짝반짝한 구두까지 깔끔하고 완벽해 보였다. 외모뿐만 아니라 집 안 청소도 빈틈없이 깨끗했다. 외삼촌이 오면 하는 말이 있다. 화장실이 깨끗해서 밥을 먹어도 될 정도라고 했다. 아버지는 잠자리에 들 때면 입었던 옷, 반듯하게 접어 머리맡에 놓고 잠옷 갈아입고 잠자리에 들었다. 우리도 그대로 따라 했다. 네 명의 아이들에게도 그대로 답습하게 하였다.

어머니는 외가댁이나 이모 집에 가면 아버지의 규칙에 따라 그날 돌아와야 했다. 아버지만 바라보고 기대할 수밖에 없었다. 기대한 만큼 실망도 원망도 많아진다. 어머니처럼 그렇게 살고 싶지 않았다. 나의 정서적 독립을 위해 다양한 취미 도전과 종교 활동하게 되는 원동력이 되었다.

아버지는 7년 만에 귀국하였다. 어머니랑 친구처럼 떠들며 자유롭게 지내다가 다시 아버지의 엄격한 규칙이 시작되었다. 일찍 자고 일찍 일어나기. 크게 웃지 않기. 사뿐사뿐 걷기. 꿇어앉아 조용하게 밥 먹기. 해가 지면 어머니도 우리도 외출 금지. 우리가 잘못하면 어머니한테 야단쳤다. 아버지 없을 때 다녔던 교회도 나갈 수 없었다. 아버지 집안은 부모님부터 독실한 기독교로 아버지의 형제는 모두 장로다. 아버지만 유일하게 무신론자이다. 아버지는 주먹을 불끈 쥐어 보이며 "눈에 보이지도 않는 하나님보다 내 주먹을 믿는 게 더 낫다"라고 자주 말했다. 교회 가서 기도하고 찬송가 부르고 성경 말씀 배우 시간이 좋았는데 다닐 수 없었다. 나는 답답하고 숨이 막혔다. 집에서 최대한 멀리 떠나고 싶었다.

인문계 고등학교를 졸업했지만, 취업이 쉽지 않았다. 어느 날 신문을 무심코 펼쳤다. 여군 부사관 모병 공고가 눈에 확 들어왔다. 군대는 어릴 때부터 아버지 부대에 자주 들렀기 때문에 익숙한 곳이다. 군인 아저씨들이 소총이나 단도를 점검하는 것을 멀리서 볼 수 있었다. 드디어 집 떠날 기회가 왔다. 곧장 어머니께 아버지를 설득해 달라고 부탁했다. 해가 져도 외출 금지인데, 딸이라고 집 떠나는 것을 반대할 줄 알았다. 아버지 허락은 쉽게 떨어졌다. 아버지와 같은 군인의 길을 선택한 나에게 직업군인 장점까지 상세하게 알려주었다. 영내 숙소가 있어 출퇴근 편리. PX 판매 제품 품질 좋고 가격 저렴. 개인적 필수품, 군복, 신발, 모자 등 무료 지급. 월급, 보너스까지 지급. 마음은 벌써 군인이 되어 서울로 날아갔다. 나는 합격을 확신했다. 부산으로 떠나던 날 아버지가 자전거로 시외버스 정류장까지 태워주었다. 부산과 서울 두 번 시험과 면접을 거쳐 여군 부사관 후보생이 되었다.

처음 만져본 M16 소총은 묵직하고 특별하게 느껴졌다. 탄알이 들어 있는 것도 아닌데 진짜 총이라는 사실이 신기하고 두렵기도 했다. 나무로 된 단단한 개머리판과 손끝에 차가운 방아쇠의 감촉이 전해졌다. 다양한 소총 사격 자세를 훈련했다. 체력과 정신 단련하는 시간이 되었다. 넓은 연병장 담벼락 미루나무의 선선한 바람 맞이하며 제식훈련하였다. 조별 제식훈련 시범할 때는 잘하려는 마음에 긴장하게 된다. 팔과 다리가 동시에 나가거나, 왼발과 오른발이 서로 엇갈리기도 했다. 실수는 모두에게 웃음 주는 시간이 되었다. 강의실 교양수업과 군가 박자 맞춰 타자 연습도 하였다. 밤 10시면 취침나팔이 울렸다. 미루나무가 바람에 흔들리며 잔잔한 파도 소리가 되어 들렸다. 고향 향한 그리움을 일기장에 풀어내었다. 훈련소 교육과정 마지막 통과의례는 완전무장 도보 행군이었다. 각자의 속도로 긴 행군 끝에 목적지에 도착하였다. 큰 가마솥에 푹 끓여진 육개장과 따뜻한 밥은 꿀맛이었다. 졸업생 전원 낙오자 없이 완주하였다. 무탈하게 해내었다는 안도감과 훈련 끝낸 성취감으로 뿌듯했다. 부사관 임관 후 서울 본부에 타자수로 근무하게 되었다. 나의 바람대로 본격적인 서울 생활이 시작되었다.

1-3.
너거 집 사면 밥 먹을게 하시더니

김정갑

"지영이 엄마야, 전화 받아라. 급한 전화다." 교동시장 건너편 미진사 아주머니의 부름이다. 전화기 타고 들리는 음성에 머리가 하얘지고 손이 덜덜덜 떨렸다. 늘어놓은 가방을 안으로 집어넣고 문을 닫았다. 허둥지둥 동대구역으로 갔다. 가장 빠른 밀양 기차표 끊어 도착하니 사람들이 웅성거렸다. 내일동 친정까지 조급증에 삼문동 언니 집에 내렸다. 직원이 침통하게 말했다. "친정아버지 돌아가셨어요! 얼른 집으로 가요." 순간 다리가 풀려 털썩 주저앉았다. 온몸의 피가 거꾸로 빠지는 느낌이다. 눈물도 나오지 않았다. 이럴 수가, 도저히 믿어지지 않았다. 어제도 대구 물건 하러 왔는데 우리 아버지가 돌아가셨다니 이 무슨 날벼락인가? 거짓말이다. 거짓말이야. 간절한 마음으로 집에 들어서니 통곡 소리가 가득했다. 작은방 벽 쪽 큰 광목에 덮인 아버지를 끌어안았다. 아버지!

아버지! 아버지! 목구멍이 찢어지도록 꺼억꺼억 울부짖었다. 가슴과 옆구리에 하얀 붕대가 칭칭 감겨 있었다. 오른쪽 갈빗대가 움푹 꺼져 보였다. 송곳으로 폐부를 찌르는 고통에 내 정신이 아니었다. 창녕에서 밀양으로 돌아오던 버스가 마흘리 고개로 추락했던 대형 교통사고였다. 사상자도 많았다. 참담하고 끔찍했다. 두 번 다시 기억하고 싶지 않다. 신문에 나는 일인 줄 알았다. 믿기지 않는다.

장남을 두고 아들 욕심에 줄줄이 딸 일곱을 낳았다. 20년 만에 소원 이루었다며 기뻐하시던 부모님은 중학생인 막내 두고 저세상 가셨으니 얼마나 원통하고 애통했을까? 꿈이라면 좋겠다.

선보고 일주일 만에 쫓기듯 결혼한 셋방살이 딸을 안쓰러워했다. 오실 때마다 제사 음식 조기며 상어, 돔배기, 소고기 산적, 나물 등 바리바리 사 들고 왔다. 참기름 간장 된장 고추장은 기본이다. 된장에 박아놓은 김장 무, 감, 더덕, 깻잎, 콩잎장아찌, 게장 등등 밑반찬이 달랐다. 남자가 채신머리없이 보자기 묶어 들고 오는 모습에 받는 기쁨보다 언짢았다. 불효구나. 멋진 아버지 스타일 다 구겼다. "저녁밥 한 끼 드시고 가세요." "됐다! 너거 집 사면 그때 먹을게" 후회만 남기고 떠나셨다. "효도 내일이 없다." 소소하고 평범한 일 걱정 끼치지 않는 것이 자식 된 도리다. 어느 날은 동아백화점 근처 한우를 실컷 먹게 해주었다. 받기만 하고 어렵다고 밥한 끼도 제대로 대접해 드리지 못한 딸은 두고두고 한이 되었다.

아버지는 영화배우 박근형을 닮았다. 키도 크고 큰 쌍꺼풀에 눈도 부리부리했다. 할아버지 생신 때는 온 동네 잔칫날이었다. 장구

북 치며 즐겼다. 할아버지를 업고 큰 마당을 한 바퀴 도는 모습은 동네에서 효자라 소문이 자자했다. 김장철에는 산더미처럼 쌓은 배추, 무를 어려운 이웃과 함께 절이고 씻고 버무려 가득 담아 가게 하였다. 그렇게 힘든 일, 부모님은 왜 했을까? 김장 때마다 속이 아프다.

우리 집은 아코디언도 축음기도 있었다. 아버지의 남다른 취미로 9남매는 노래 연극 그림 바이올린 재주가 있었다. 초등학교 때 연극 '토끼와 거북이' 궁녀 역할을 맡으며 입고 나갈 궁녀 옷값이 만만찮았다. 그만둔 친구도 있었다. 분홍색 옷에 동전은 파란 선 기죽지 말라며 학예회 발표 때 무대 오르게 했다. 우등상 개근상 받아오는 날은 중국집 태화루 탕수육 자장면을 실컷 먹었다. 사거리 호수 제과점 쫄깃한 양과자도 사 오셨다. 입에 살살 녹았다. 아버지의 넘치는 특별한 사랑, 언제나 달콤했다.

초등학교도 겨우 나오던 시절, 딸 일곱 고등학교까지 공부시켰으니 얼마나 힘들었을까? 자식 낳아 키워보니 알겠다. 한두 명도 힘에 겨운데 부모님 희생, 태산도 모자란다. 살아생전 깨달아야 할 효도가 늦었다. 집이 넓어 돼지 닭 개 집짐승도 많이 키웠다. 엄마는 작은 키에 돼지 밥 거두러 양철 물통 이고 온 동네 다녔다. 목이 눌려 작은 키 더 작아져 굵은 심줄이 시뻘겋게 불거졌다. 돼지죽 거두러 갈 때 언니와 나는 대청소했다. 대청마루도 닦고 넓은 마당 티끌 하나 없이 대 빗자루로 깨끗이 쓸어 물을 솔 솔 솔 뿌렸다. "아이고 내 새끼들, 이 넓은 집안을 구석구석 얼음같이 치웠네." 칭찬받고 싶었다.

엄마와 함께 다닌 기억은 조금 별나다. 속병이 잦아 영산 함박산 약수터에 동행했다가 찰밥, 장아찌를 실컷 먹고 약수도 온종일 배부르게 마셨다. 한여름은 어른들이 가는 모래찜질 다녔다. 봄이면 자매들 데리고 영남루 벚꽃 아래에서 꽃잎 떨어진 김밥을 같이 먹었다. 이보다 더 큰 선물 추억이 없었다. 아련하다.

1950년대는 거지가 많았다. 남천 강둑 얼기설기 새끼줄 판자촌 집들이 빼곡히 묶여 있었다. 사업하는 친정집 대문은 항상 열려 있었다. 5일마다 돌아오는 장날엔 찾아오는 거지가 많았다. 밥 주면 반찬도 주라는 아버지 말씀에 엄마는 싫은 표정 하나 없이 그릇에 담아 줬다. 우리에겐 밥은 얼마든지 먹어도 좋으나 밥 한 톨이라도 버리면 벌 받는다고 농부들의 수고와 곡식 귀함을 깨우쳐 주었다. 나 역시 어린 손자 손녀들에게 "밥 한 알 함부로 흘리거나 버리지 마라" 당부한다. 밥이 없을 때 내가 먹던 밥도 그릇째 주었다는 엄마의 말 핏줄이 어디 가겠나. 부모님 뒷모습을 보고 잘 자랐다. 효의 근본인 부모님 섬기기, 이웃사랑, 나눔 정신, 형제간 우애가 남달랐다. 자식 사랑 또한 유별났다. 짧은 인생이었지만 굵게 각인된 부모님의 이웃사랑 본이 되어 지금도 때 되면 밥 먹자는 소리 잘한다. 잠재된 본능이다.

일찍 시집보낸 큰딸이 보고 싶어 자전거 타고 마당을 한 바퀴 빙 돌아가시는 뒷모습을 집안에서 몇 번이나 봤다는 언니의 말에 온몸이 찌릿했다. 부모님 속 깊이를 들여다볼 수 없었다.

새벽마다 밀양영남루 꼭대기 오르내리며 자식들에게 말없이 부지런함을 심어주었다. 곰곰이 생각하니 한 번도 우리에게 이래라 저래라 말없이 믿고 바라만 보았다. 장례 치르고 잠긴 서랍을 열어보니 놀랄 정도로 정리 정돈이 잘 되어 있었다. 날짜별로 빼곡히 적힌 금전출납부. 항상 제자리를 강조했고 깔끔한 성격 덕분에 우리는 혼이 많이 났다. 수건은 여기에, 등 긁개는 저기, 빗자루 이곳으로 정해졌다.

어느 날 큰방 천정에 붓글씨로 크게 참을 인(忍) 세 개를 문중이 위에 써서 붙쳐 놓았다. *이리 갈까, 저리 갈까 차라리 돌아갈까? 세 갈래 길 삼거리엔 비가 내린다.* 인생길에서 만난 애환을 노래로 위로했던 아버지의 18번 '김상진의 이정표 없는 거리' 노랫말이다. 인생사를 대변한 방향감각 잃었던 때. 얼마나 힘들었으면 저렇게 혼자 애태우셨을까? 눈물이 핑 돈다.

인생이란 무엇인지 청춘은 즐거워 피었다가 시 들으면 다시 못 필 내 청춘 '윤일로의 기타 부기' 곡은 신나는데 왜 이렇게 슬픈지 모르겠다. 천석꾼은 천 가지 걱정 만석꾼은 만 가지 걱정이라 하시던 뜻 그때는 몰랐다. 모터 공장 양전사 집 딸들은 엄마 젖만 떼면 시집보낸다는 말은 헛소문이 아니었다. 일찍 떠날 것을 예감한 것이다. 그렇게 서둘러도 9남매 중 막내아들과 딸 셋은 미혼이었다. 자식이 많다 보니 유독 나에게 특별한 사랑이 아니라 딸 일곱과 아들 둘, 9남매 공평하게 사랑했기 때문이다.

옥에 티라고 했다. 언니는 중학교 교복, 월사금도 항상 먼저 주었다. 장남과 첫딸 챙기는 것이 첫정일까? 월사금 내지 않은 내 이름이 게시판에 적혀 있을 때 수치스럽고 화로를 뒤집어쓴 것처럼 화끈거려 물속에 덤벙 빠지고 싶었다. 학교 가기 싫었다. 새 교복 아닌 언니가 입던 교복 허릿단 바짓단 덧대어 입히고 언니는 새 교복 맞추어 줬다. 언니가 입던 옷 언니한테 맞게 고쳐 입힐 것을 왜 입학한 나에게 고쳐 입게 했는지 생각하면 할수록 납득가지 않는다. 작은아버지 말대로 다리 밑에서 진짜 주워 왔을까? 데려온 자식도 아닌데 차별받았다. 몹시 서러웠다. 계실 때 물어볼 걸 그랬다. 너무 아쉽다.

아~ 천정에 참을 인(認) 붙여 놓고 멍하게 바라보시던 그때다. 가슴이 떨린다. 정신이 번쩍 든다.

철이 없어도 한없이 철없던 시절, 민망하고 가슴 무너져 용서를 구할 길조차 없다. 어른들 글쓰기 책 읽기 공부하면서 쌓이고 쌓인 앙금을 털 수 있어 천만다행이다, 온순하고 배려하고 내 밥도 나누어 주는 인정 많은 긍정적인 딸이라는 자화자찬은 부모님의 끝없는 사랑 덕분이다.

부모님의 깊은 그늘 아래 알게 모르게 가득했던 앙금을 씻어버리고 나니 참 홀가분하다. 부모님보다 이십 년 더 살았다. 마디마디 후회만 남았다. 그 후회 내리사랑으로 실천한다. 칠 공주 딸바보 우리 아버지. 사랑받기 위해 태어난 양전사 집 딸들 뒤돌아보니 어디에도 부모님 계시지 않는다. 오직 내 가슴에.

1-4.
세상에서 가장 멋진 우리 아버지

김정숙

친한 친구 어머니 부고 소식을 받았다. 치매로 15년 넘는 병상 끝에 세상을 떠나셨다고 했다. 가슴이 먹먹했다. 마지막 가시는 길 아픈 몸 훌훌 벗어던지고 편히 쉬길 바라는 마음으로 조심스레 차 한 잔 올렸다. 영정 앞에서 차를 우리는 일은 처음이었다. 떨리는 손으로 찻물을 붓는 동안 마음도 함께 떨렸다. 문득 아버지가 생각났다. 아버지는 하동 작설차를 좋아했다. 좋은 차 있으면 아껴 두었다 내어주곤 했다. 그땐 차 맛을 몰라 귀한 줄도 몰랐다. 뒤늦게 차를 알게 되면서 좋은 차는 내 차지가 되었다. 뭐가 그리 바빴는지 아버지와 여유롭게 차담 한 번 나누지 못한 것이 못내 아쉽다.

40여 년간 교직에 있던 아버지는 정년퇴직 후 조그마한 사무실을 마련했다. 매일 출퇴근하다시피 하며 신문도 읽고 책보며 정갈하게 보내는 듯했다. 명절이면 엄마와 경쟁하듯 아버지가 만든 갈

비찜과 엄마가 만든 갈비찜이 등장했다. 맛보며 엄지 척 내밀며 누가 만든 건지 알아내는 게임을 했다.

처음이자 마지막으로 아버지가 담가준 깍두기 김치는 잊을 수 없다. 맛이 괜찮았는데 시간이 지나면서 흐물흐물해졌다. 결국 먹을 수 없게 된 깍두기 김치통을 식탁 위에 올려놓고 한참 울었다. '아버지가 담가준 깍두기' 훗날 이 시간을 그리워하게 될 줄 알았던 마음이 북받쳐 올라 눈물이 터졌다. 아버지는 그로부터 얼마 지나지 않아 3년 전 추석 일주일 앞두고 3층 사무실 계단에서 넘어졌다. 의식이 없어져 가는데도 괜찮다며 병원을 안 가겠다고 했다. 응급차에 실려 가는 동안 이야기도 주고받았다. 코를 골아서 피곤해 잠든 걸로 알았다. 바로 당일 아버지는 정말 돌아오지 못할 머나먼 여행을 홀로 떠나 버렸다. 마지막 날 아버지는 추석맞이 장을 본 듯했다. 차 트렁크에는 추석에 먹을 것과 당일 저녁에 먹을 초밥이 실려있었다. 짠했다. 아버지와 마지막 식사가 언제였는지 기억나질 않는다. 너무 갑작스레 일어난 일이라 더욱 애타고 잊지 못하는 것 같다.

친정집에 들렀다. 아버지 없는 동네는 낯설었다. 공기마저 달랐다. 그동안 너무 익숙해 알아차리지 못했던 것들이 아버지 부재 앞에 생소하고 허전하게 다가왔다. 아버지가 오랫동안 구독했던 『샘터』 월간지가 배달되었다. 아버지 이름 석 자 새겨진 봉투를 보니 반가웠다. 마치 살아 계신 듯 금방이라도 돋보기 낀 채 보던 책을 들고 반겨줄 것 같았다. 어릴 적 공부하라는 말도 없었다. 그보다 읽은 책을 자주 건네주었다. 그중 장편소설 『토지』는 인상적이다. 처음 접하는 방언이 많아 읽기에 오랜 시간 걸렸다. 읽은 책이 드라마로 나올 때면 뿌듯하고 신났다. 노안이 찾아온 지금은 책 읽는 일도 쉽지 않다.

 동생은 손자손녀들이 할아버지를 오래도록 기억하길 바라며 유품을 전시하고 싶어 했다. 아버지 타던 마지막 차도 사무실 옥상에 올려 보관하려는 계획까지 세웠다. 결국 아버지 회색 벤츠 3919를 내가 이어 3년간 탔다. 갑작스레 떠난 아버지와 마지막 인사를 충분히 나누고 싶어서였다. 아버지 차를 타고 출퇴근하며 많은 이야기를 했다. 딸 다니는 직장에 왔다는 둥 가고 싶은 곳이 있으면 주말에 예약하라는 둥 그렇게 아버지와 못했던 이야기를 풀어 놓을 수 있었다. 친정 식구들을 만나러 갈 때면 일부러 아버지 차를 타고 갔다. 아버지를 만나듯 차 보는 것만으로도 반가워했다. 그렇게 큰 위로가 되었다. 차 안에는 아버지 냄새가 남아 있었다. 라디오 음악에 귀 기울이며 운전하면 마치 아버지가 바로 옆에 있는 듯 든든했다. 짧은 거리도 괜히 멀리 돌아가며 시간을 늘려 보기도 했다. 그 차를 떠나보내는 데 꼬박 3년이 걸렸다. 그렇게 내 마음도 조금씩 안정을 되찾았다. 지금쯤 벤츠 3919는 먼 나라 리비아에서 새로운 주인을 만나 신나게 도로 위를 달리고 있을 것이다. 그곳에서도 누군가의 든든한 힘이 되어 주고 많은 사랑을 받았으면 좋겠다.

 아버지는 술을 한잔하면 늘 말했다. "세상에서 우리 딸보다 예쁜 아이는 본 적이 없다"라고. 중학교 입학까지 정말로 내가 세상에서 제일 예쁜 줄 알았다. 그런 아버지에게 칭찬 듣고 싶었다. 예쁘게 보이고 싶은 마음이 컸다. 결혼하고 아이들이 자라 성인이 되어서도 아버지에게 자랑하고 싶은 마음은 여전했다. 기쁜 일 생기면 가장 먼저 친정을 찾았고 아이들이 상 받으면 누구보다 먼저 아버지한테 보여주고 싶었다. 돌아보니 내 삶의 원동력은 바로 아버지였다. 엉덩이를 흔들며 큰방에서 나오던 유쾌한 모습과 우스꽝스러운 표정이 선하다. 잘 보이고 싶은 대상이 갑자기 없어지고는 팔다리에 힘이 빠진 듯 아무것도 하고 싶지 않았다. 결국 1년간 자율연수 휴직을 냈다. 정신을 차리고 보니 엄마 혼자 남아 있다는 걸 알았다. 엄마는 오죽할까 싶었다. 시간이 약이라지만 그 시간조차 엄마에겐 모자랐을 것이다. 휴직 기간만이라도 아버지 대신 엄마 곁에 있고 싶었다. 마음과 현실은 달랐다. 아버지는 유언을 남기지 않았다. 평소 말씀했던 대로 장례는 조용히 치렀다. 부의금 받지 말고 찾아오는 분 따뜻하게 대접하라는 것. 그것이 아버지가 마지막 남긴 삶의 가르침이었다.

아버지는 작은 일도 수첩에 빼곡히 기록해 놓았다. 간밤에 꾸었던 꿈까지 메모로 남겼다. 아직도 아버지 일기장을 볼 용기가 나지 않는다. 친정에 가면 꿈에서라도 만나고 싶어 아버지 휴대전화를 손에 쥔 채 잠들기도 했다. 엄마는 아버지 베개를 머리맡에 두고 주무신다. 먼저 떠난 할머니 할아버지 그리고 아버지 있는 저세상으로 빨리 데려가 달라는 뜻이라고 했다. 엄마는 아버지 사진 앞에

선크림을 올려 두고는 중얼거렸다. 요즘 햇살이 뜨거우니 가만히 앉아 있지 말고 선크림 바르라고 했다. 엄마는 마치 옆 사람과 대화하듯 자연스럽게 아버지 빈자리를 스스로 채워가고 있었다. 사진 보며 대화하고 농담하는 엄마 일상에 따스함이 돌아와 그나마 다행이다. 지금 생각해 보면 휴직이라는 결정도 엄마를 위한다기보다 내 마음 다잡기 위한 시간이었는지도 모를 일이다. 그래도 감사한 일은 엄마가 건강하게 곁에 살아 있다는 것이다. 특별한 일이 생길 때마다 여전히 아버지를 찾는다. 함께한 시간이 너무 짧았다. 아버지 큰사랑에 비해 예쁜 딸 노릇 제대로 못 한 게 아쉽다.

복직이 두려웠지만 지금은 30년을 함께한 일터로 돌아와 활기찬 일상을 보내고 있다. 아버지는 마지막까지 휴식이 필요한 딸에게 시간을 허락해 주고 다시 걷게 해 준 듯하다. 아버지 딸로 살아서 정말 행복했다. 다음 생에서도 꼭 아버지의 딸로 태어나고 싶다. 세상에서 가장 존경하는 우리 아버지, 김용순 아버지. 엄마는 저희가 잘 모시고 있을 테니 걱정하지 마세요. 아버지는 지금도 세상에서 가장 따뜻한 빛으로 우리를 비추고 계십니다. 언젠가 저 너머 세상에서 다시 만나게 되기를 간절히 바랍니다. 아버지 생각하며 하동 작설차를 우려본다. 그 유쾌한 웃음소리 들리는 듯하다. 찻잎이 물속에서 천천히 펼쳐지듯 아버지와의 기억도 내 마음에 천천히 피어난다. 잔잔한 향기 속 아버지 온기를 느낀다. 마치 거실에서 환히 웃으며 나를 맞이해 주던 아버지처럼.

1-5.
아버지의 무뚝뚝함도 사랑이었다

문현순

기억 속 아버지는 새벽부터 늦은 밤까지 바빴다. 아버지는 내가 8살 때 초가집 100여 가구가 있는 마을 최초로 기와집을 지었다. 크고 작은 방 4개와 마루, 창고와 슈퍼용 방까지. 높고 길게 놓인 기와지붕이 완성되고 동네 잔치를 했다. 동네 한가운데인 집 담벼락으로 해당화를 심었다. 오가는 동네 사람들 기분이 좋아지라고 심었단다. 해당화꽃의 냄새와 화려한 꽃이 마을을 환하게 만들었다. 겨울에는 동네 어르신들이 우리 집 담벼락의 햇볕에서 이야기하기가 일상이었다. 열어놓은 대문으로 거지가 자주 드나들었다. 남용이라는 이름을 가진 거지는 눈이 크고 손톱이 아주 길어 불편해 보였다. 아버지께서 밥을 주면 항상 말없이 웃는 얼굴로 인사했다.

중학교 입학원서 제출 전, 담임 선생님께서 중학교에 갈 수 있느냐고 물었다. 아버지는 내가 졸업 후 공장에 돈 벌러 가는 것 외에는 관심이 없다고 말했다. 선생님은 아버지가 좋아하는 것을 물었다. 그날부터 퇴근길에 담배 한 갑과 술 한 병을 사서 우리 집을 왔다 갔다. 1주일간 설득하려 했지만 아버지는 승낙하지 않았다. 아버지를 설득할 수 없어 미안하다며 나중에라도 "너는 꼭 공부해라" 당부하고 가셨다. 나도 중학교 가고 싶은 마음을 표현하기 위해 아버지를 설득하기로 했다. 단식을 시작했다. 손으로 갈비뼈가 만져지는 왜소하고, 잠잘 때 코피를 자주 흘린 허약체질이었다. 단식 시작 5일째 도저히 일어날 수 없었다. 6일째가 되니 엄마가 아버지에게 딸이 죽을 수도 있다고 설득하는 소리가 들렸고, 아버지의 허락으로 중학교에 입학했다. 입학 후 글짓기상, 학업상 등 상장을 가져오면, 계집애가 공부는 잘해서 뭐 하냐며 마당에 던져버렸다. 그러다가도 어느새 흙을 털어낸 상장이 책상 위에 올려져 있었다. 속마음을 표현하지 않은 아버지의 마음을 어렴풋이 알 수 있었다.

중학교 졸업하고 공장에 가겠지, 믿었던 아버지에게 반기를 들었다. 고등학교에 가고 싶지만 갈 수 없는 현실이었다. 공부하고 싶었다. 학교에 온 산업체 고등학교 선배들 얘기를 듣게 되었다. 부산 산업체 고등학교에 입학원서를 냈다. 부모님께는 한 달이 지난 1985년 12월 24일 부산으로 떠나는 날 아침 두어 벌의 옷을 챙긴 뒤 말했다. "부산에 있는 고등학교 갑니다. 오늘 학교에서 다 같이 출발하기로 했어요." 말했다. 부모님은 소리쳤다. 가지 말라며 화내는 소리를 뒤로하고 중학교로 갔다. 아침 9시에 버스 타고 이동하여 밤이 되어 부산에 도착했다. 화려한 네온사인과 포슬포슬 내리는 함박눈이 나를 반겼다. 걱정되고 기대되었다. 8시간 일하고 4시간 공부하는 3교대 회사 생활을 해야 했다.

부산 생활한 지 2개월 지나 졸업식 참석을 하기 위해 1주일간 휴가 내어 집에 왔다. 밤새 일한 후 9시간 기차 타고 1시간 버스 타고 집에 갔다. 집을 보는 순간부터 눈물이 나왔다. 엄마는 나를 반길까 생각하며 대문에 도착했다. 대문 앞에서 튀어나온 말은 "아부지 저 왔어요" 하니 안방 문이 열리면서 아버지가 보였다. 신발도 안 신고 눈 쌓인 마당을 지나 대문까지 달려와 안아줬다. 예상치 못한 아버지의 환영 인사였다. 회사 생활 얘기하면서 밥을 먹었다. 졸음이 쏟아졌다. 24시간 만에 내 방 아랫목에 누웠다. 눕자마자 잠이 들었다. 한참 자다가 오른쪽 종아리가 따끔거려 깼다. 이상한 냄새가 났다. 이불도 탔고, 옷도 탔고, 종아리 살도 탔다. 아버지가 계속 땐 군불로 인해 화상을 입은 것이다. 아버지는 안 일어나고 잠만 자는 나를 중간중간 살피며 계속 불을 지폈다고 했다. 38년이 지난 지금도 남은 종아리 상처는 딸을 향한 아버지의 무뚝뚝한 사랑이었다.

내가 타인을 돕는 사람으로 성장하게 한 사건은 중학생 때였다. 아버지와 밭일을 마치고 집에 가는 어스름한 해 질 녘. 동네 어귀에 자동차가 도랑에 빠져 있었다. 운전자는 어찌해야 할지 몰라 안절부절못하고 있었다. 아버지는 그냥 지나치지 않았다. 다가가 도와주겠다고 했다. 나더러 집에서 땔감으로 준비해 둔 대나무 중 가장 굵고 단단한 것을 가져오라고 시켰다. 3분 거리 집에 뛰어가서 대나무를 가져왔다. 그사이 아버지는 커다란 돌을 가져와 바퀴 옆에 두고 나를 기다리고 있었다. 가져온 대나무를 지렛대로 자동차를 들어 올려 꺼냈다. 고마워하는 운전자가 사례하겠다고 했지만, 세상살이는 서로 도와가며 사는 것이라며, 할 수 있는 것을 했다고 운전자를 보냈다. 집에 가는 길 나는 아버지 손을 잡았다. 거칠고 투박하면서도 따뜻하다고 느꼈다.

결혼 생활한 지 14년째. 친정 동네로 찾아온 건강검진에서 64세인 아버지가 폐암 말기 진단을 받았다. 정밀검사 후 수술해도, 수술하지 않아도 6개월 시한부라고 했다. 우리 가족은 아버지 뜻에 따라 집에서 치료하였다. 직장생활 때문에 주말에 자주 갔다. 갈 때마다 목욕을 시켜드렸다. 말벗하며 보내기를 1년 6개월쯤이던 그날도, 아버지의 머리를 내가 직접 이발했다. 목욕 후 빗질하다가 아버지의 눈물을 보았다. 아버지가 말씀하셨다.

"현순이 네가 공부를 많이 하고 싶어 했는데 시켜주지 못해서 미안타.
돈은 없고 ○○(남동생)을 공부시키는 게 우선이었다.
너에게 공부시키지 못한 것이 아부지 인생에서 가장 후회된다."

가슴이 뛰었다. 눈시울이 시큰했다. 울음을 참았다. 말없이 아버지를 안았다. 결혼식장에서 손잡고 들어가기 전에 안아본 이후 처음이었다. 1주일 후 아버지는 운명하셨다. 당신이 죽으면 화장하여 산에 뿌려달라고 말씀하셨다. 새들과 함께 훨훨 날아다니고, 나무들의 양분이 되고 싶다던 아버지.

담벼락에 해당화를 심어 향기와 아름다운 풍경을 마을 사람들에게 선사했다. 넉넉하지 않은 형편에도 늘 먹을거리를 내어줬다. 언제든 도와주면서 함께 살아가는 삶을 실천한 아버지를 나는 닮아가고 있다. 피는 물보다 진하니 형제간에 싸우지 말거라. 이 세상에 부모가 해 준 것 외에 공짜는 없다. 웃어른을 보면 하루에 열 번이든 스무 번이든 인사해라. 조금 가졌더라도 베풀고 살라고 가르쳤다. 철없고 이기적이었던 딸이지만 아버지의 가르침을 일상에서 실천하며 살아가고 있다.

아버지가 떠난 지 18년이 지났다. 그립고 보고 싶은 아버지. 투박한 손바닥의 감촉과 강한 힘이 생생하다. 아버지의 무뚝뚝한 표현이 사랑이었다. 아들딸 키우는 부모가 되어 아버지의 인생 무게를 알게 되었다. 경제적으로 풍족하지 못한 부모의 삶이었다. 열심히 살아 낸 모습이 자랑스러웠다. 철이 없어 아버지의 속마음을 헤아리지 못했다. 아버지의 지혜를 닮고 싶었다. 자녀들에게 사랑한다는 표현을 많이 한다. 가정을 일궈 아들딸에게 아버지의 가르침을 전수한다. 말하지 않아도 알게 되었던 아버지의 사랑, 강단 있게 생활하는 나, 부모님께 부끄럽지 않은 딸이 되려 노력하는 나를 보여드리고 싶다.

1-6.
캥거루 맘 나의 어머니

박은경

내가 태어나고 중학교 때까지 산 곳은 대구시 중구 동인4가 26번지이다. 대구의 중심 동성로까지 걸어 다닐 수 있었다. 동네에선 대지가 꽤 넓은 적산 가옥으로 방이 많았다. 마당엔 꽃과 나무들이 가득했다. 그중에서도 40년이 된 은행나무는 우리 집의 상징이었다. 가을이면 노란 잎이 온 동네를 물들였다. 사람들은 우리 집을 '은행나무 집'이라 불렀다. 아버지는 꽃을 좋아했고 손수 정성 들여 잘 가꾸었다. 계절마다 꽃이 피는 마당은 아버지의 손길이 깃든 공간이었다. 또 '법 없이도 산다'는 말을 들을 만큼 정직하고 인심이 후했다. 어머니는 음식 솜씨가 좋고 큰일을 척척 잘 해내는 부잣집 맏며느리였다. 그런 부모님이었기에 우리 집은 늘 친척들로 북적였다. 아버지도 사람 오는 걸 좋아해서 내가 초등학생일 때까지 우리 가족만 산 기억이 없다. 시골에서 대구로 올라오는 친척들은 친가 외가 모두 우리 집에 머물렀다. 외사촌 큰오빠는 대학 졸업 때까지 무려 8년이나 함께 살았다. 친척들이 줄줄이 사탕처럼 이어졌다. 아버지는 한 번도 화내지 않고 모두 다 받아 주었다. 특히 외가 쪽 친척들이 많이 머물렀기에 어머니는 늘 아버지께 고마워했다.

나는 2남 2녀의 막내다. 어릴 적부터 몸이 약하여 부모님의 과보호를 받았다. 입이 짧고 편식이 심했다. 맛나고 귀한 것은 모두 내 몫이었다. 특히 초등학교 시절엔 크고 작은 병치레가 잦았다. 1년의 반은 감기에 시달렸다. 자주 넘어져서 무릎은 늘 딱지가 앉아 있었다. 몸이 조금이라도 아프면 학교에 가지 않았다. 6학년을 제외하곤 개근상을 받아본 적이 없다. 체육활동은 더욱 힘들었다. 대부분의 체육 시간은 교실에서 시험 채점이나 칠판에 자습 문제를 쓰는 등 선생님의 잔심부름을 했다. 그땐 선생님이 주신 특별한 배려라 생각하며 좋아했다. 점점 체육활동이 싫어졌다. 운동은 늘 나에게 열등감을 심어 주었다. 지금도 운동을 좋아하지 않는다.

부모님은 몸이 약했던 나에게 공부에 대한 강요를 하지 않았다. 그저 건강하게만 자라길 바랐을 뿐이다. 어릴 적엔 몸에 좋다는 보양식과 한약을 달고 살았다. 그래서인지 중학교 이후로는 큰 병 없이 지내왔다. 마른 체형이지만 건강하다. 초등 고학년 무렵 철이 들기 시작했다. 공부를 잘해서 부모님의 자랑이 되고 싶었다. 중학교에 들어가면서 열심히 공부했다. 결국 부모님이 바라시던 대학에 장학생으로 입학했다. 언제나 든든한 울타리였던 부모님께 큰 기쁨을 드렸다. 나도 참 좋았다.

　늘 열 명이 넘는 왁자지껄한 대식구였다. 대학 2학년이 되자 할머니 부모님 그리고 나 이렇게 네 식구만 남게 되었다. 그런데 건강만큼은 자신 있어 하던 아버지가 췌장암 말기 진단을 받았다. 수술 후 불과 4개월 만에 돌아가셨다. 향년 57세였다. 내가 태어난 이후 처음 겪은 죽음이었다. 내 삶의 가장 큰 충격이었다. 어머니도 갑작스러운 이별로 깊은 병마에 시달리셨다. 끝내 정신과 상담 치료를 통해 조금씩 회복했다. 그때부터 나는 어머니가 아프면 극도의 불안과 스트레스를 받았다. 1년 뒤 맏아들을 잃은 충격으로 할머니도 뇌출혈로 쓰러져 돌아가셨다. 이제는 어머니와 나 단둘이만 남게 되었다. 나는 어머니마저 잃을까 봐 늘 전전긍긍했다. 대학 생활의 낭만보다는 도서관과 집을 오가는 생활을 반복했다. 어머니와 함께하는 시간이 많았다. 덕분에 3, 4학년 동안 줄곧 과수석을 할 수 있었다. 등록금 전액 장학금을 받았다. 어머니는 눈시울을 붉히며 나를 대견해했다. 무엇보다도 어머니께 보탬이 될 수 있어서 뿌듯했다. 교수의 길을 꿈꾸었지만, 진로를 바꿔 교사가 되기로 했다. 여러 학교에 교사 채용 지원서를 냈다. 감사하게도 모두 합격했다. 고민 끝에 S고등학교를 선택해 발령받았다. 첫 직장을 스스로 결정하고 해냈다. 내게는 큰 의미가 있었다. 늘 어리게만 생각한 막내딸이었다. 혼자 힘으로 새로운 길을 열어가는 모습을 보며 어머니는 무척 자랑스러워했다. 이제 나는 사회생활의 첫발을 힘차게 내디뎠다. 어머니도 많이 강해졌다. 예전의 웃음도 되찾았다.

어머니는 머리가 참 좋았다. '자녀의 지능은 모계를 닮는다'는 말이 실감 났다. 우리 4남매는 공부로 늘 부모님께 희망과 기쁨을 드렸다. 어머니는 교육에 대한 열정이 대단했다. 그 열정은 훗날 손주들을 키우실 때도 이어졌다. 큰아이의 피아노 학원을 정할 때였다. 십여 군데 학원을 직접 돌아다니며 수업을 참관했다. 각각의 학원 장단점을 설명해 준 후 최종 선택은 내게 맡겼다.

어머니는 나를 33세 때 낳았다. 돌아가실 때까지 함께 살았다. 결혼 후 주말부부로 지냈다. 친정에서 아이들을 키우며 직장생활을 했다. 워킹맘이 겪는 고충을 나는 몰랐다. 출근하면 집안의 일은 잊고 학교 일에만 집중할 수 있었다. 어머니 덕분이었다. 우리 아이들은 할머니의 사랑과 관심 속에 건강하게 구김살 없이 자랐다.

어머니는 80대 후반까지 나와 아이들의 아침밥을 챙겨주었다. 아이들에겐 밥상머리에서 인성교육이 자연스럽게 스며들었다. 주말과 방학에만 함께하는 아빠의 빈자리까지도 채워주었다. 정정하고 허리도 꼿꼿해서 실제 나이보다 훨씬 젊어 보였다. 고도리 같은 화투 놀이도 잘해서 친구들 사이에서도 인기 많았다. 따신 돈은 잃은 친구들에게 나누어 주는 인심 좋은 분이었다. 90세 넘어서도 대중교통을 이용해서 모임에 다녔다. 하지만 코로나로 인해 2020년 한 해 동안 외출을 하지 못하면서 건강이 나빠지기 시작했다. 혼자서 바깥출입이 힘들어졌다. 모닥불의 불씨가 서서히 꺼지듯 4년간 조금씩 쇠약해졌다.

2023년 나는 교장 취임을 했다. 바쁘고 마음의 여유가 없었다.

퇴근이 늦어 어머니와 함께 저녁 식사를 할 수 없는 날이 많았다. 어머니는 "너랑 같이 저녁 먹고 싶다. 오늘도 늦나. 너 얼굴 실컷 보는 것이 소원이다." 야윈 두 손으로 나의 얼굴을 만지셨다. 나는 어머니가 천년만년 살 줄 알았다. 어머니의 죽음을 전혀 예측하지 못했다. 영원히 내 곁에 계시리라 생각했다. 환갑이 지난 나이였지만 내 마음은 여전히 엄마 품을 그리워하는 아이 같았다.

토요일 서울서 모임이 있어 아침 일찍 외출 준비를 하던 날이었다. "오늘도 출근하나. 얼굴 한번 보자. 일찍 와." 어머니는 간절한 눈빛으로 나를 바라보았다. 서둘러 모임을 마치고 내려왔다. 저녁이 되어 버렸다. 도착하자마자 어머니 방으로 갔다. 몸을 가누기 힘들어했다. 평소와는 다른 모습이었다. 거실에 있던 남편이 와서 어머니는 점심도 겨우 반만 드시다가 내려놓았다고 했다. 나는 아기를 안듯 조심스레 어머니를 꼭 끌어안았다. 남편이 곧바로 아들에게 연락했다. 아들은 응급처방으로 수액 준비를 해왔다. 딸도 곧 도착했다. 순간! 혈압은 정상이었다. 안도의 숨을 내쉬었다. 급하게 링거를 놓았다. 잠시 뒤 아들이 맥을 짚더니 얼굴이 굳어졌다. "맥이 안 잡혀요." 아들이 다급하게 말했다. 가슴이 철렁 내려앉았다. 10분 뒤 다시 혈압을 쟀다. 기계엔 '에러'만 떴다. 2024년 2월 4일 새벽 어머니의 심장은 자동차의 배터리 방전처럼 조용히 멈췄다. 어머니는 나의 손을 잡고 떠나셨다. 우리 네 식구는 어머니의 마지막 순간을 함께했다, 나는 아직도 어머니의 죽음을 받아들이지 못하고 있다.

돌아가시기 하루 전 2월 3일, 어머니는 우리 가족의 새해 축복과 건강을 기원하는 편지를 쓰셨다. 돌아가시는 날에도 혼자 힘으로 점심을 드셨다. 화장실도 혼자 스스로 다녔다. 아직도 믿기지 않는다.

나는 평생 어머니 품 안에서 살았다. 결혼하고 아이를 낳아도 교장이 되어도 엄마는 여전히 나의 울타리였다. 나는 '엄마 품 안에 사는 딸'이었다. 엄마는 말하셨다. "아직 너한테는 내가 필요하다. 퇴근하고 빈집에 들어오는 것보다 내가 있으니 좋지?" "맞아요. 난 엄마 없이는 못 살아."라고 대답했다. 퇴근 후 어머니를 꼭 안아주며 서로의 체온을 나누며 우린 평생을 함께 살았다. 80세 후반까지 집안일하며 몸은 힘들었지만 도움을 줄 수 있음에 행복해했다. 나는 엄마의 딸이기 전에 엄마와 함께 사는 사람, 엄마와 같은 숨을 쉬는 사람이었다. 95세 햇살 가득한 날 자신의 방에서 가족의 손을 잡고 조용히 떠나신 어머니. 요양병원이 아닌 집에서 돌아가시고 싶다는 소원을 지켜드릴 수 있어서 다행이었다. 그것이 내가 드린 마지막 효도였다. "어머니 이제 보내드릴게요. 어머니만 바라보셨던 아버지와 천국에서 함께 잘 지내세요. 사랑합니다. 존경합니다."

1-7.
아버지의 발

신미앵

갑자기 수척해진 아버지와 병원을 찾았다. 감기가 낫지 않는다고 하셨다. 잦은 기침과 쉰 목소리가 심상치 않았다. 대기실에 앉아 계신 아버지 등 뒤에 섰는데 듬직한 아버지의 모습은 안 보이고 왜소한 어깨가 한눈에 들어온다. 하필이면 병원 파업이라고 한다. 의사들 모습이 안 보였다. 급한 진료만 한다고 했다. 아버지의 진료가 급한 듯 보였다. 조직 검사해야 한다며 검사실로 갔다. 파업이라는 말과 경력이 많지 않은 의사 모습이 겹쳐 보여서 내 심장은 쿵쾅쿵쾅 크게 뛰었다. 검사에서 결과까지 생각보다 오래 걸렸다. 검사 결과 전하는 의사의 소리가 꿈에서 듣는 소리로 인정하고 싶었다. 폐암이라는 진단을 듣고 아버지를 보니 계속 눈물이 났다.

평상시 담배를 즐겨 피우시던 아버지 모습 볼 때마다 걱정이 되었다. 아버지는 바로 입원했다. 매일 퇴근 후 병실 방문했다. 이불

끝자락에 보이는 아버지의 허연 두 발을 바라보고 정성껏 주물러 드렸다. 아버지의 발을 보면 가슴이 아프고 눈물이 난다. 아버지와 함께했던 일들이 파노라마처럼 펼쳐진다.

장녀로 태어난 나는 아버지와 추억이 많다. 술에 취해 퇴근하시는 날은 언제나 내가 아버지의 발을 씻겨 드렸다. 아버지는 발을 씻어야 방으로 들어가는 습관이 있었다. 엄마는 항상 방바닥을 반질반질하게 청소했다. 아버지의 술 취한 귀가를 짜증 섞인 소리로 맞이한다. 우리 집은 화장실이 집 밖에 있었다. 불편한 구조의 화장실에서 발 씻는 나도 허리를 폴더처럼 구부려야 했다. 더구나 아버지는 술에 취해 몸을 가누기 힘든 상태다. 엎드려 발 씻는 모습을 보고 넘어질까 봐 걱정했다. 아버지는 엄마한테 부탁했다. 한방에 거절되니 다음 차례는 나였다. 처음엔 싫었다. 의자를 가져다 앉으시게 했다. 발에 냄새가 많이 났다. 아버지 큰 발을 고사리 같은 손으로 뽀드득뽀드득 소리 나게 문지른다. 개운한 아버지는 나에게 이름 대신 착한 어린이라고 불러 주셨다. 착한 어린이 애칭을 불러 줄 때마다 신이 나서 발을 씻겨 드렸던 기억이 난다.

착한 어린이 애칭 중독은 공부에도 배이기 시작했다. 아버지의 칭찬은 세상에서 제일 기쁜 소리였다.

나는 사시가 아주 심했다. 글자도 겹쳐서 보이니 책 읽기 아주 불편한 상황인데도 불구하고 한 손으로 눈을 가리고 한쪽 눈으로 공부하는 열정을 기울였다. 학기 말에 성적표를 받아 들고 집으로 달렸다. 등하교 1시간 족히 걸리는 거리를 단숨에 달릴 것처럼 달렸다. 화장실 가는 것 잊은 채 달리다 집에 도착하자마자 옷에 실수했다. 아버지께 빨리 보여드리고 싶은 마음이었다. 아버지는 이런 나를 야단보다는 격려하며 성적표를 보고 기뻐하셨다. 나는 아버지께 계속 기쁨을 드리고 싶었다.

아버지의 여러 직업 중에 식당 영업도 있었다. 장보기도 돕고 싶었다. 새벽에 자갈치 시장가는 아버지를 따라나섰다. 여름 새벽시장은 비릿한 생선 냄새로 가득했다. 샌들 신은 아버지 발에 시선이 머물렀다. 여기저기 구정물 웅덩이가 있다. 아버지는 성큼성큼 웅덩이 물을 건너신다. 나는 종종걸음으로 따라갔다. 가족의 생계를 위한 발걸음이라 생각했다. 아버지는 여러 군데 가게를 들르면서 제일 싼 가게 찾아서 계속 걷고 물건을 담고 다시 걸었다. 뭉클한 마음과 눈가에 이슬이 웅덩이 물과 교감하듯 일렁거렸던 기억도 있다. 지금도 자갈치 시장의 생선 냄새를 맡으면 아버지 생각이 난다.

아버지와 함께 다녔던 길을 다시 걸어 보았다. 아버지를 올려다보며 걸었던 길은 이제 내가 내려다보고 걷고 있다. 사팔뜨기였던 나는 아버지 따라가는 길에서 엎어지고 무릎이 깨어지는 일이 다반사였다. 아버지는 나의 사팔뜨기 눈을 많이 걱정하셨다. 깨어진 무릎의 상처는 나을 틈이 없었다. 딱지가 앉을 만하면 다시 깨어져서 피가 났다. 여름에는 덧나서 뼈가 다 들여다보일 정도의 심한 상처로 아팠던 기억도 있다.

중학교 시절 공설운동장에서 매스게임했다. 두 손을 마분지 양

끝을 잡고 선생님이 주시는 번호 보면서 돌려야 했다. 나는 번호가 두 개로 겹쳐 보여서 실수를 자주 했다. 친구들 앞에서 야단맞는 창피스러움도 견뎌야 했다. 친구들이 사팔뜨기 하며 놀려대는 것은 더 견디기 힘들었다. 학교 다니기 싫었다. 결석하면 아버지는 회초리를 드셨다. 엄마는 이웃의 말을 듣고 굿을 하기도 했다. 굿하는 날엔 아버지는 술에 취하셔서 엄마랑 다툼을 벌이곤 했다. 나로 인해 가정불화가 생겼다고 생각했다. 내가 사라져 버릴까 하는 어리석은 생각도 한 적이 있다. 어린 내가 어찌할 방법이 없어서 집 밖에서 울고 있었다. 이웃집에서 들려오는 웃음소리가 부럽기만 했다. 눈물범벅의 사팔뜨기 눈으로 이웃집 창에서 나오던 강렬한 불빛 보았던 기억은 선명하게 남아있다. 우리 집 외의 모든 집이 행복하게만 보였다. 많이 울어서 눈이 정상이 된다면 울어서라도 제자리로 돌리고 싶었다.

중학교 2학년 어느 날 저녁 갑자기 사물의 모습이 한 개로 정확하게 보였다. 믿을 수 없었다. 몇 번이고 눈을 깜빡거려도 물체가 한 개로 보이는 것이었다. 나는 뛸 듯이 기뻤다. 제일 먼저 "아버지!" 하고 불렀다. 아버지도 보시고 다시 확인하셨다. 아버지와 얼싸안았다. 내 생애의 가장 기쁜 날이었다. 다음날 잠자고 난 뒤 다시 눈을 확인해 보아도 정상으로 돌아온 것이었다. 눈으로 인한 놀림과 따돌림으로 구석에서 울었던 나는 이제 남들 앞에서 당당하게 얼굴을 들고 다닐 수 있어서 좋았다. 초등학교 동창회에 나갔다. 친구들이 앞다투어 어느 병원에서 수술했냐고 물어본다. 나만 아는 비밀처럼 나는 울 아버지의 정성이 하늘에 닿았다고 말했다. 지금도 이 사건은 기적이라고 생각한다.

   아버지의 폐암 진단받은 후 아버지께 임종 준비를 못 해 드린 것이 가장 큰 불효였다. 아버지가 돌아가시기 전에 할머니가 오셨다는 말씀을 몇 번 하셨다. 나는 그 말씀의 의미를 몰랐다. 나중에 죽음이 임박한 순간 나타나는 현상 중의 하나였다고 한다. 아버지의 상태가 급격하게 안 좋아졌다. 오늘 밤을 넘기기 힘들다는 의사의 소견을 듣고 부랴부랴 성당에 연락했다. 긴급히 신부님께서 오셨다. 신부님의 기도는 받으셨다. 나는 아버지와 보내는 마지막 밤, 잠의 유혹이 여느 날보다 심했다. 날이 밝아오고 아버지는 마지막으로 집으로 가고 싶다는 요청을 하셨다. 산소 호흡기를 준비하는 동안 아버지는 힘겨운 목소리로 내 목을 힘껏 끌어안고 내 귀에 대고 남동생을 부탁하셨다. 그리고 숨을 거두셨다.
   아버지 돌아가시고 유품을 정리했다. 뒤 굽이 많이 닳은 구두를 일일이 덧대어서 오래오래 신으신 흔적이 보여서 신발을 안고 펑펑 울었다.

   아버지의 마지막 직업은 부동산중개업이었다. 사무실 정리하면서 등록증을 구청에 반납하러 갔다. 신발이 닳도록 다녔던 길을 내가 다시 걸어 보겠다며, 공인중개사 공부했다. 자격증 받던 날 바로 산소로 달려가서 아버지께 보여 드렸다. 성적표 받고 기뻐하던 모습을 기억하기에 하늘에서도 기뻐하셨다고 믿었다.

아버지를 추모하며 이 글을 쓰면서 아버지의 모습이 내게도 있는 것을 보게 된다. 아버지의 사랑이 나를 지켜주는 힘이 되었다. 그 힘으로 다시 우리 딸들에게 전해 줄 수 있다고 믿는다. 아버지의 부탁인 남동생 돌보는 일도 놓을 수 없다. 우리 형제들은 양말 벗고 발을 보며 아버지 닮았다고 환하게 웃는다. 나이 들수록 더 닮아간다.

1-8.
장녀의 시간

양정회

엄마 상여 나가는 날 아침.

"아버지, 오늘 엄마 마지막 가는 길이다. 엄마한테 할 말 없나? 뭐라고 말 좀 해봐라. 잘 가라고 인사는 해야 안 되겠나?"

아버지는 아무런 표정 변화도 말도 없었다. 나는 방바닥에 주저앉아 울면서 고래고래 소리를 질렀다. 그 말을 알아들었는지 장례식 다음 날 아버지는 39도의 열로 끙끙 앓았다. 식물인간 상태라도 귀는 열려 있다는 말이 맞는 것 같았다. 말도 한마디 못하고 엄마를 먼저 보내는 마음이 얼마나 가슴 아팠을지 감히 상상조차 할 수 없다.

나는 임영웅 노래를 좋아한다. 감성적이고 애절한 목소리가 매력적이다. 그의 노래 중에서 '어느 60대 노부부 이야기'를 자주 듣는다. 들을 때마다 친정 부모님이 생각난다. 그의 휘파람 소리는 눈물 나게 한다.

'다시 못 올 그 먼 길을 어찌 혼자 가려 하오. 여기 날 홀로 두고 여보 왜 한마디 말이 없소. 여보 안녕히 잘 가시게.'

출근 준비를 하고 있는데 아버지한테서 전화가 왔다. 아버지의 목소리가 약간 어눌했다. 깜짝 놀라 어디 아프냐고 물었다. 몸이 내 마음대로 안 되고 자꾸 한쪽으로 기울어진다고 했다. 출근하지 말고 바로 경상대학병원으로 오라고 했다.

내가 병원에 도착했을 때는 의료진이 침대에 누워 있는 아버지의 머리카락을 밀고 있었다. 이미 입이 굳어 말을 못 했다. 바로 수술했다. 뇌졸중이었다. 1995년 6월 지방선거가 끝난 지 며칠 후였다. 공무원이었던 아버지는 과로로 무리가 왔던 것 같았다.

아버지는 주현미 노래를 좋아했다. 간병하는 동생은 혹시 이 노래를 들려주면 깨어날지도 모른다고 했다. 우리는 아버지 귀에 이어폰을 꽂아 계속 듣게 했다. 우리는 기도했다. 아버지를 깨어나게 해 달라고 빌고 또 빌었다. 일주일이 지나고, 한 달, 일 년, 이 년이 지나도 깜깜무소식이었다.

아버지가 쓰러지자 간이 좋지 않았던 엄마는 스트레스로 인해 급속도로 나빠졌다. 아버지를 많이 의지하고 살았던 엄마였다. 그렇게 엄마는 아버지보다 먼저 우리 곁을 영원히 떠났다.

친정 부모님은 동갑내기였다. 입원할 때도 같은 병원에 했다. 아버지는 6층, 엄마는 7층 병원 생활도 많이 했다. 엄마는 입원과 퇴원을 반복했다. 우리 4남매는 병원에 살다시피 했다. 동생들이 돌아가며 간호했다. 특히 큰남동생 내외가 고생을 많이 했다. 똥오줌 받아내고 씻기고 운동까지 시켰다. 주말에는 내가 동생들 대신 병실을 지켰다.

아버지는 식물인간 상태로 2년 3개월을 힘들게 버텼다. 1997년 62세의 나이로 두 분은 같은 해에 하늘나라로 떠났다. 엄마는 2월 아버지는 10월. 내 나이 서른여섯 살이었다.

세상이 멈추고 가슴이 텅 빈 것 같았다. 모든 게 순식간에 끝나 버렸다. 학교에서 동료들이 부모님 얘기를 할 때면 시도 때도 없이 울고 또 울었다.

어릴 때 아버지는 대청마루에 상을 펴고 공무원 시험공부를 했다. 엄마는 나를 그늘나무 아래에 앉혀 두고 밭을 매곤 했다. 밭 가장자리 풀숲에서 개구리가 폴짝폴짝 뛰어다녔다. "엄마 저게 뭐야?" 하고 물으면 엄마는 "고기"라고 했다. "엄마, 고기가 도망가잖아." 빨리 잡으라고 엄마를 졸랐다.

내가 네 살 무렵 어느 여름날 저녁. 엄마가 밥을 차려주었는데 내가 밥그릇을 더듬고 있었다고 한다. 야맹증이라고 했다. 엄마는 야맹증에 개구리가 좋다는 동네 사람들의 얘기를 듣고 새까맣고 큰 옹기 약탕기에 인삼과 직접 잡은 개구리를 넣고 푹 삶아 먹였단다. "이거 고기야 많이 먹어. 맛있지?" "응. 엄마 또 해 조." 며칠 후 엄마가 옆집에 잠깐 마실 가고 없는 사이. 내가 약탕기에 있던 고기를 꺼내 혼자서 맛있게 먹고 있었다고 한다. 고기는 다 건져 먹고 인삼과 국물만 남겨 놓았다고 했다. 엄마는 내가 많이 먹어 배탈 날까 봐 걱정했다고 한다. 개구리 고기를 잘 먹어서 그 후에도 자주 해 먹였단다. 그래서인지 야맹증도 없어지고 삐쩍 말랐던 아이가 살이 통통하게 붙었다고 했다. 클 때나 지금도 감기에 잘 걸리지 않는 건강한 신체를 가졌다. 아마도 어릴 때 먹은 청정 개구리 덕분인 것 같다. 개구리 먹은 애기를 들은 동생들은 심심하면 나를 놀리곤 했다.

초등학교 2학년 때로 기억한다. 추운 겨울 어느 날이다. 동생들이 방에서 뭘 하는지 조용했다. 분명 사고 치고 있을 가능성이 높았다. 방문을 열었다. 세상에 내 국어 교과서를 갈기갈기 찢어서 방바닥에 흩어 놓았다. 그것도 모자라 일부는 방 한쪽에 있는 요강 속에 넣었다. 나는 펄쩍펄쩍 뛰며 울었다. 아버지는 동생들을 혼내기는커녕 책을 잘못 관리한 내 탓이라며 나를 나무랐다. 너무 억울했다. 동생들이 얄미웠다. 나도 동생 되고 싶었다. 그때부터 늘 언니, 오빠가 있는 친구들이 부러웠다.

내가 중학교 다닐 때는 공부 잘하는 아이들은 공고나 여상을 가도록 진학 상담을 받곤 했다. 하지만 나는 우겨서 일반고등학교가 있는 진주로 유학 갔다. 그때부터 나의 자취생활이 시작되었다.

예비고사에서 부산교대나 서울교대에 갈 수 있는 성적이 나왔다. 하지만 아버지는 진주교대로 가라고 했다. 원망스러웠다. 성적이 되고도 남는데 못 가게 하니 말이다. 딸은 너무 멀리 떼 놓을 수 없다고 한다. 아버지의 고집을 꺾을 수 없었다.

여동생은 진주여고 1학년에 다녔고 쌍둥이 남동생 둘은 중학교 3학년 때 진주로 전학 왔다. 초전동 집에서 동생들과 함께 자취생활을 하게 되었다. 지금 생각해 보면 아버지는 다 계획이 있었던 것 같다. 스무 살, 나도 대학 생활을 마음껏 즐기고 싶었다. 친구들하고 놀러 다니고 미팅도 많이 하고 싶었다. 하지만 현실은 달랐다. 학교 수업을 마치면 곧장 오르간 연습하러 갔다. 피아노를 배운 적이 없던 나는 더 많은 시간과 노력이 필요했다. 과제하느라 밤을 새우는 날도 많았다. 그때는 급식제도가 없어서 도시락을 직접 싸야 했다. 남동생들 도시락 하나씩, 여동생 점심, 저녁까지 두 개. 매일 아침 네 개의 도시락을 쌌다. 하굣길에 진주 중앙시장에서 장을 보고 집에 와서 반찬 만들고 빨래해야 했다.

결혼하고 얼마 후 엄마한테 따진 적이 있다. 왜 동생들을 전학시켜 나를 그렇게 힘들게 했냐고. 엄마는 그때는 그게 최선이라고 생각했단다. 내게 짐을 너무 많이 지워서 미안하다고 했다. 그 말에 가슴속에 엉켜 있던 큰 덩어리가 스르르 녹아내리는 것 같았다.

지난 2월 초에 하동 부모님 산소에 다녀왔다. 동네에 들어서면 길 건너 오른쪽으로 어릴 때 살던 집이 보인다. 지금은 다른 사람이 살고 있다. 대청마루에 여섯 식구가 둘러앉아 밥을 먹던 모습이 눈앞에 선하다. 어린 시절 우리 집 장독대 뒤에는 커다란 대봉 감나무 두 그루가 있었다. 아버지는 긴 장대에 주머니를 매달아 잘 익은 홍시를 따 주었다. 대봉감 홍시 하나면 배가 불렀다. 지금도 대봉감을 보면 친정집 장독대와 감나무가 생각난다.

눈이 내리면 내 허리만큼 쌓일 때도 있었다. 동네 아이들과 뒷동산에서 비료 포대를 깔고 썰매를 타며 놀았다. 눈이 녹은 아침이면 처마 밑에 고드름이 주렁주렁 달렸다. 우리는 길고 큰 고드름으로 칼싸움 놀이를 하곤 했다.

젊었을 때는 억울하다고만 생각했다. 내가 부모가 되고 나이가 들면서 조금이나마 부모님을 이해하게 되었다. 장녀로서 부모님과 동생들을 위해 열심히 살았던 나를 이제는 다정히 안아주고 싶다. 힘겨웠지만 그 시간 속에는 깊은 사랑이 있었다. 누군가를 위해 살았던 기억은 내 삶을 더욱 깊고 따뜻하게 만들었다. 그 덕분에 나는 누구보다 단단해졌고 그만큼 더 성장했다.

1-9.
기도 소명 받은 첫째 딸

이상순

　어둠이 내린 늦가을 초저녁 가을비가 부슬부슬 내린다. 전화벨이 울린다. 다급한 목소리 엄마다. 너거 아버지 교통사고로 돌아가셨다. 이 무슨 청천벽력인가 아버지는 추수한 쌀을 자식들에게 부치고 돌아오는 길이었다. 비가 내리고 어두운 밤이다. 앞에 가는 경운기를 발견하지 못한 자동차가 들이받은 것이라 했다.
　허둥지둥 머리가 하얘진다. 침착하자 무엇부터 해야 하나 연령회 회장님께 전화했다. 아버지 사망 미사 올려 달라고 부탁했다. 아랫동네 사는 남동생과 함께 달려갔다. 세상에 이럴 수가. 아버지는 싸늘한 영안실에 누워 있다. 자식들이 통곡해도 아버지는 말이 없다. 밤이 으슥해지고 조용한 틈을 타 혼자 영안실에 들어갔다. 머리를 끌어안고 어디를 다쳤을까 살펴봤다. 목 뒤쪽이 수북이 부었다. 뒤에서 받은 충격에 이마를 부딪혔다. 이마에 상처가 났다. 다시 뒤로 젖혀지면서 뒷목을 부딪힌 것이 치명적이었다. 이마에 상처가 좀 있을 뿐 깨끗하다. 아버지 모습은 평화롭게 주무시는 듯 보인다. 항상 손에 쥐고 다니며 기도하던 묵주, 아버지 손에 쥐어 드렸다. 평소에 15기도를 몇 년간 했다. 15기도란 하루에 주님의 기도 성모송 영광송을 열다섯 번씩 기도문 속에 기록되어 있는 기도를 빠짐없이 일 년을 하면 가족 열다섯 영혼을 구해 줄 것이라 했다. 예수님께서 비르짓다 성녀에게 발현하시어 약속하신 말씀이다. 영혼 구원을 위해 몇 년 동안 기도했다. 갑작스러운 사고로 사망해도 오관을 보존해 준다 했다. 나 혼자가 아닌 온 가족 함께 천국 가야 한다는 일념으로 매일 기도했다. 기도의 은총을 실감했다.

아버지는 평소에 늘 말씀하셨다. 사람은 일만 많이 한다고 잘 사는 거 아니다. 머리를 써야 되는 기라 하셨다. 양잠이 한창일 때 산을 개간하여 뽕나무를 심었다. 누에 키워 수입을 올렸다. 일 년에 두 번 봄 가을 누에를 키운다. 고치 따서 자식 공부시키는 데 큰 도움이 되었다.

아버지와 함께 밤나무를 심었다. 아버지는 다음에 내가 없어도 너희들 와서 따다 먹어라. '밤'이 효자 노릇 했다. 지금은 모두 객지에 살고 있으니 동네 사람들이 주워다 먹는다.

내가 중학교 시험 합격했으나 등록금 마련이 어려워 진학을 포기해야 했다. 담임 선생님께서 공부 계속할 수 있도록 집에서 30리 정도 떨어진 학교를 주선해 주셨다. 학교 가까운 곳에 외갓집이 있었다. 새벽밥을 좀 해줄 수 있을지 부탁해보자, 라며 엄마는 내 손 잡고 갔다. 외숙모는 한마디로 거절이다. 울면서 나왔다. 지금 생각해 보면 당연한 일이다. 6·25 참전 때 부상 당해 고통 중에 있는 환자(외삼촌)가 있고 어린 외사촌이 세 명이 있는데 불가능인 줄 알면서 엄마는 나를 데리고 갔던 것이다. "네가 공부할 복이 없다." 엄마는 나를 달래며 돌아왔다. 면사무소 근처 초등학교에 야간 학교가 생겼다. 날 듯이 기뺐다. 낮에는 엄마 일손을 도와드리고 저녁때가 되면 학교에 간다. 중학교 가지 못한 선배들 친구들 함께 모여 산모롱이 돌아, 들길을 지나 지칠 줄 모르고 다녔다. 배움의 길은 즐거웠다. 밤길도 무서운 줄 몰랐다. 어쩌다 한 친구가 장난기 발동하여 "귀신이다" 하면 모두가 놀라 소스라쳐 소리 지른다. 다리가 얼어붙는 것 같다. 이내 깔깔대며 발걸음 재촉한다. 알파벳을 배우고 음악 공부도 하며 시간 가는 줄 몰랐다. 어느 날 저녁 공부하는 도중에 폭우가 쏟아져 물이 불어나고 길이 끊기는 일이 일어났다. 밤길에 학생들 보낼 수 없다는 선생님들의 결정에 학생들이 교실에서 함께 밤을 새운 적도 있다. 그렇게 우리는 배움의 목마름을 채웠다.

엄마는 자식들 위해 묵묵히 인내하며 손발이 닳도록 일했다. 친구 좋아하고 술 좋아하는 아버지는 남들에게 좋은 사람이다. 가족들에게는 너무 엄격했다. 그래도 엄마는 항상 아버지를 존중하고 어른을 공경하는 것을 우리에게 가르쳤다. 아버지께 야단맞지 않았어도 아버지가 외출했다 돌아오면 떠들고 싸우다가 조용해졌다.

우리 집 첫째 결혼이 큰 경사라며 잔치를 크게 해주셨다. 정이 많으신 부모님은 딸이 결혼하여 추운 겨울 떨지 않을까 염려되어 이불 꾸미는 곁에 서서 "이불 솜 많이 놓아 크게 만들어라. 자다가 발 나오면 발 시릴라" 하시며 감독하셨다 한다. 그때는 대부분 난방이 잘되지 않아 방이 추우니 이불이 커야 따뜻하게 잘 수 있다고 생각하신 것이다.

음식 솜씨 좋은 엄마는 추수 끝날 무렵이면 낮에 거두어들인 갖가지 재료들로 밑반찬을 만들어 보내주셨다. 화물을 보내오면 천일 화물까지 가서 찾아 싣고 왔다. 그렇게도 많은 반찬을 밤잠 설쳐 가며 만들었다. 한가지 반찬을 큰 바게트에 한 통씩 깻잎김치, 콩잎김치, 고들빼기, 무말랭이 삭힌 고추김치, 고춧잎, 가지말랭이, 특히 고추 소박이는 고추 속에 일미포 밤 대추채 썰고 표고 불려 볶은 재료 넣어 만든다. 그 맛이 일품이라 먹어본 사람은 모두가 좋아했다. 고구마 줄기를 데쳐 말린 나물을 한 자루씩 보내왔다. 다시 삶아서 부드럽게 해야 먹을 수 있다. 한 자루를 삶으려면 화력이 좋지 않은 가정집에서 밤을 새워가며 삶았다. 1회용 접시에 나누어 담는다. 팔아서 수십만 원씩 보내 드렸다. 그때는 큰돈이었다. 동생들 학비에 도움이 되도록 힘든 줄 모르고 전달했다. 반찬이 너무 맛있다며 가을이 되면 주문이 들어 온다.

울산에서 결혼하게 된 둘째 여동생, 큰언니인 내가 맡아 해주었다. 농사일에 바쁜 엄마는 도시에 사는 언니와 의논해서 하도록 하셨다. 동생과 함께 이불감 솜 사다 부산에 계시는 당숙모와 함께 직접 이불을 꾸몄다. 손님 치를 음식을 밤늦도록 만들어 부산에서

울산까지 싣고 갔다. 부모님은 흐뭇해하며 "네가 고생한 덕에 오늘 잔치는 최고다" 하시며 좋아하셨다. 지금 생각해도 젖먹이까지 데리고 어찌했을까? '맏딸'이라는 책임감이 해낼 수 있었던 것 같다. 엄마의 희생을 보며 자라온 것이 큰 힘이었다. 힘든 줄 모르고 기쁜 마음으로 열심히 했다.

 엄마 회갑이 음력 시월 초 이레 바쁜 추수철이다. 너무 바쁘신 걸 알기에 우리 집에서 음식을 만들어 가기로 생각했다. 성당 단체 레지오 단원들 동원하여 음식을 넉넉히 준비했다. 꽃꽂이하는 자매는 꽃바구니와 꽃목걸이 두 개 만들었다. 카네이션 생화로 만들었다. 남동생 트럭에 싣고갔다. 이렇게 많은 음식을 어찌 다했냐며 놀라신다. 풍성한 가을, 동네 사람들 초대하여 엄마 회갑 잔치 성대하게 해드렸다. 엄마 회갑상 손수해 드린 것이 가장 효도한 것 같아 마음이 흐뭇했다.

 일 년에 한 번씩 부모님과 형제들 모여 여행을 한다. 형제가 많으니 뜻이 맞지 않을 때도 있다. 그럴 때 혼자 조용한 곳 찾아 양팔 들고 희생 기도 바치며 주님께 매달렸다. 화목하고 즐거운 여행 되게 해 달라고 주님의 은총을 빌며 기도했다. 기도할 줄 아는 이는 나밖에 없다. 이튿날이 마침 주일이다. 새벽에 일찍 일어나 호텔 근처에 성당이 있는지 주위에 알아보았다. 모두 자는 시간에 살그머니 빠져나왔다. 한적한 시골길 성당을 향해 기도하며 부지런히 걷는다. 차 한 대 옆에 와서 선다. 성당 가느냐 묻는다. 손에 묵주가 들려 있어 알아본 것이다. 자기들은 교회 가는 길인데 교회 앞에 성당이 있다며 태워준다. 성당까지 한참 가야 한다며, 구세주를 만난 것이다. 성당에 들어서니 추수 감사제 드리기 위해 농사지은 곡식과 과일로 풍성하게 제대를 꾸미고 있었다. 행복한 맘으로 기도하고 찬미하며 돌아왔다. 날씨도 좋고 어젯밤 티격태격은 없어졌다. 화기애애 즐거운 여행이 되었다. 충청도 어느 조용한 시골에 있는 숙소였다. 평소에 말이 없는 제부의 한마디 "형제들이 화목한 것은 처형 덕분입니다"

엄마 장례식에 인천 가르멜수도원 신부님 두 분이 오셔서 미사 올려주셨다. 큰딸인 내가 가르멜 재속회 회원이기에 가능했다. 외손녀 중 유일하게 수녀가 있다. 수녀가 미사 독서하고 진행해 주어 순조롭게 미사 드릴 수 있었다. 그동안 냉담하던 자식들 손자들 성사 보게 했다. 거룩한 미사 봉헌으로 엄마를 하늘나라 편히 보내드린 것 같아 마음이 좋았다. 믿지 않는 동생들이 협조하여 모든 일이 순조롭게 이루어졌다. 선으로, 화평으로 이끄시는 하느님의 축복 속에.

1-10.
밥솥이 깨졌어!

홍순옥

'따르릉따르릉' 업무 중에 폰이 울렸다. 친정엄마다. 내가 일할 때는 전화를 잘 하지 않는 분이다. 무슨 일이 생겼음을 직감했다. "큰딸아, 밥솥이 내동댕이쳐져서 계단에 굴러떨어졌어!" 불안하고 초조한 목소리로 엄마가 말했다. 깜짝 놀라 무슨 일이 있었냐고 물었다. 고장 난 밥솥을 들고 수리 센터에 가려고 동생과 함께 나섰다고 했다. 밥솥은 생각보다 훨씬 무거웠다. 조심스럽게 4층 계단을 내려오던 동생 손에서 밥솥은 미끄러지듯 빠져나갔다. 이내 '쿵' 소리를 내며 바닥에 내동댕이쳐졌다. 그리곤 데굴데굴 계단 아래까지 굴러떨어졌다. 그 상황을 지켜봤을 엄마와 동생을 생각하니 속상했다. 어제 마트 갔을 때 살걸 그랬다. 값이 나가니 고쳐서 써 보고 싶었던 엄마 마음을 알고 있었다. 친정엄마는 깨진 밥솥을 버리지 못하고 보자기에 싸서 1층 현관문 앞에 두었다고 했다. 주말이었던 전날 밥솥이 고장 났다. 4층 빌라에 올라가 문을 여니 수심이 가득 찬 얼굴로 엄마가 나를 맞이했었다. 밥솥을 살펴보았다. 스위치를 아무리 눌러도 반응이 없었다. 고치자고 할까 하다 다시 하나 사드려야겠다 싶었다. 바람도 쐴 겸 대형마트에 가자고 함께 나왔었다. 주말이라 북적이는 대형마트의 진열된 밥솥 앞에서 엄마는 가격표를 바라보다가 말했다. "생각해 보자" 엄마의 마음을 알기에 억지로 구매할 수 없었다. 얼마 전 청소기가 작동이 안 된다고 전화했었다. 그전에도 침대 받침대가 부러져서 바꾼 지 아직 1년 남짓이었다. 그런 전화를 할 수밖에 없었을 엄마는 많이 고민했을 것이다. 그냥 대수롭지 않게 전화를 받는다고 하지만 미안함이 담긴 엄마의 목소리는 나를 아프게 했다.

살아생전 아버지는 나를 '고집 세고 어려운 딸'이라고 했다. 아버지는 왜 내가 어려웠을까? 난 예민하지 않았다. TV가 설치된 지 얼마 안 된 어느 날이었다. 늦은 밤 브라운관을 통해 보이는 노랑머리와 푸른 눈의 신비로운 외국 배우들의 모습에 빠져 있었다. 그들의 사랑 이야기를 텔레비전으로 본다는 건 사춘기 소녀였던 나에게 충분히 흥분되고 설레는 일이었다. 내가 주인공이라도 된 듯 눈이 풀려 보고 있었다. 그 순간 갑자기 TV가 꺼졌다. 아버지였다. "늦었다. 빨리 자라" 그 말에 더 화가 났다. 캄캄한 어둠 속에서 더듬더듬 텔레비전 스위치를 찾아 다시 켰다. 그런 내 모습에 어이없다는 듯 아버지는 큰소리로 화를 냈다. 곧바로 다시 텔레비전은 꺼졌다. 나는 씩씩거리며 다시 켰다. 아버지는 기막혀하며 다시 껐다. 그러기를 몇 번 하다 결국 아버지가 졌다. 난 만족스럽게 주말의 명화를 다 보고야 잠이 들었다. 아마도 아버지에게 큰딸인 나는 다루기 힘든 아이였던 것 같다.

내 위로 아들을 하나 둔 엄마는 아들 한 명 더 낳으려고 내리 딸 넷을 낳았다. 나는 그중 큰딸이다.

초등학생이던 어느 날 며칠 동안 들어오지 않는 아버지를 찾아 다녔다. 담배 냄새와 술 냄새가 뒤섞인 퀴퀴한 구석진 술집의 문간 방에서 아버지를 찾았다. 지저분한 국방색 담요 위에 빨간색 화투들과 만 원짜리가 두둑이 쌓여있었다. 기막힌 그 상황에 난 빨개진 얼굴로 씩씩거리며 가차 없이 화투판을 뒤엎어버렸다. 붉은색 네모난 화투와 만 원짜리 돈 들이 허공 들어 날아올랐다가 바닥으로 내동댕이쳐졌다. 그 모습을 지켜보던 아저씨들도 입을 딱 벌린 채 아무 말도 못 하고 멍하니 나를 쳐다보았다.

우리보다 그곳을 더 좋아하던 아버지에게 복수하고 싶었을 것이다. 아버지는 황당하고 당황한 표정으로 어쩔 줄 몰라 했다. 그런 일이 있고 난 뒤에도 오빠처럼 나를 혼내지는 않았다. 화투판을 뒤엎었던 일은 내 인생에 적잖은 영향을 미쳤다. 결혼하고 남편이 친구들과 어쩌다 화투를 한다고 하면 난 여지없이 화를 내고 싸웠다. 지금까지 결코 나는 화투에 너그럽지 못하다. 아마도 그 순간을 통해 나의 의지를 다지게 되었지 않았나 싶다. 그런 아버지의 행동과 반응이 어린 내 눈에도 좋아 보이지 않았다. 아버지에 대한 반발과 그런 남편을 둔 엄마에 대한 안타까움이 나를 독립심 강한 아이로 자라게 했다.

노랗고 빨간 채송화 꽃이 앞마당 화단에 곱게 피어있는 어느 날이었다. 동네 아주머니 몇 분과 엄마가 부엌과 수돗가를 왔다 갔다 하며 분주하게 움직였다. 아빠 계모임을 한다고 했다. 싸리 빗자루로 앞마당을 쓸고 밀가루 반죽을 치대며 음식 장만을 하고 있었다. 팬에 기름을 두르고 지글지글 전을 만들며 돼지고기를 썰어 찌개도 끓였다. 왜 아빠에게 그렇게 헌신하는지 엄마에게 화내듯 물었었다. 그때에도 여전히 아빠는 돈을 벌면 술집 매상을 올려주고 있었다. 아빠는 엄마에게 넉넉하지 않은 생활비를 주고 있었던 것 같다. 결국 엄마는 옆 동네의 공장에 취업해 새벽부터 일을 나가며 맞벌이를 시작했다. 그런 중에 아빠를 위해 계모임을 정성껏 준비하는 엄마가 바보 같아 보였다. 그때부터였을까. 아무 잘못도 없이 아버지한테 기죽어 사는 엄마를 보며 난 엄마처럼 살지 말아야지 생각했다. 남편한테 사랑받는 사람으로 당당하게 살아가야겠다고 생각했었던 것 같다.

"어머나 예뻐라 엄마 똑 닮았네" 지나가는 동네 할머니가 엄마에게 업혀 있는 나의 둘째를 보며 그렇게 말했다고 했다. 할머니가 키워서 더 닮았던 것 같다. 첫째도 키워주셨던 엄마는 둘째도 바쁜 나를 위해 기꺼이 키워주었다. 자식들의 삶에 조금이라도 도움을 주고자 손자와 손녀들을 모두 당신 손으로 키우다시피 했다. 특히 우리 두 아이는 더 많이 친정엄마의 손에 맡겨져 자랐다. 맞벌이를 한 번도 쉰 적이 없다. 그 생활이 가능했던 건 친정엄마의 희생과 배려의 결과다.

내가 사는 게 너무 힘들어 어찌할 줄 모를 때 엄마가 조용히 내 손을 잡았다.

"너 혼자 가라고 하지 않을게. 엄마가 언제나 너와 함께 가 줄 거야"

친정엄마의 말은 내가 살아가는 지표가 되었다.

건강하던 아버지에게 치매가 찾아왔다. 어느 날부턴가 수시로 오는 엄마의 다급한 전화는 나를 긴장시켰다. 아버지가 사라졌다고 했다. 다른 날엔 휠체어에 앉은 채 돌멩이를 들고 사람들을 위협하고 있다고 전했다. 그럴 때마다 나는 일하던 손을 놓고 서둘러 달려갔다. 도로 한가운데쯤에서 씩씩대며 휠체어에 앉아 있는 아버지가 보였다. 나는 아버지를 어린아이 달래듯 진정시켰다. 아버지는 내 말에 조금씩 고집을 내려놓고 돌멩이를 건네주었다. 치매는 빠른 속도로 진행되었다.

아버지 치아가 썩어 잇몸이 퉁퉁 부었다. 병원에서 의사 선생님께 소리 지르고 막무가내로 고집을 피운다고 했다. 치료받지 않겠다고 해서 고생을 한 모양이었다. 더구나 아버지의 편마비도 심해지고 있었다. 갈수록 몸을 제대로 가누지 못해 꼭 한 사람이 부축해야 했다.

소독약 냄새가 먼저 손님을 반기는 치과에 들어섰다. 아버지는 치과 문을 잡고 힘을 주었다. 들어가지 않으려고 버텼다. 칫솔질도 엄마의 손으로 겨우 하던 때였다. 그러다 고집을 부리며 입을 벌리지 않아 이를 제대로 닦지 못하는 날이 많아졌다. 충치가 생기기 시작했고 잇몸이 부어올라 치료가 시급했다. 교수님은 아버지를 충분히 설득하고 얘기하는 동안 조용히 기다려주었다. 한쪽 발에 힘이 없어 나머지 발에 의지하며 휘청거리는 아버지를 간호사와 함께 진료 의자에 낑낑거리며 뉘었다. "우리 아버지 착하네" 웃으며 얼굴을 쓰다듬었다. 마취 주사도 바늘이 위험하다며 그냥 이를 빼야 한다고 교수님이 조심스럽게 말했다. 어쩔 수 없이 간호사는 다리를 잡고 난 아버지를 온몸으로 꽉 껴안았다. 엄마가 지켜주고 싶어 했던 아버지의 씹는 즐거움은 그날이 마지막이 되었다. 남아 있던 이는 모두 빠져나갔다.

유명 가수의 '아버지'가 방송에서 흘러나오면 그리움에 눈물이 차오른다. 치매가 오기 전 아버지는 다행히 건실한 가장으로 우리를 지켜주었다. 주유소 아르바이트도 하고 지하철 신문들을 모았다가 팔기도 했다. 나는 결혼한 후에도 친정과 시댁 양쪽 집안 대소사에 최선을 다했다. 어쩌면 큰딸은 그래야 한다는 프레임에 갇혀 자유롭지 못했을 수도 있다. 부모님의 기대에 부응해야 한다는 부담도 있었다. 그 기대를 계속 충족시키기 위해 나 자신을 억제해야 하는 압박감도 있었다. 아마도 어린 시절부터 엄마의 고달픈 삶을 보며 엄마를 속상하게 하는 일은 하지 말아야겠다고 다짐했었기 때문일 것이다. 그랬던 것들이 지금의 큰딸인 나로 성장하게 한 것 같다. 친정엄마는 내 삶의 지표였고 든든한 버팀목이었다. 지금도 가끔 오는 엄마의 전화는 내가 살아가는 버팀목이 되어 준다. 언제까지고 그 전화가 울리기를 간절히 바란다.

제2장

인생의 동반자를 만나다

2-1.
내 인생의 로또

김경애

"엄마, 아버지랑 어떻게 결혼했어? 아무리 봐도 너무 안 맞아." 작은아이가 물었다. 아이의 눈에도 우리는 너무 다른 사람이다. 결혼 34년 차 이제 서로를 잘 안다고 생각하지만 여전히 부딪힌다. 나는 세상의 모든 남자가 교회 오빠들처럼 섬세하고 자상할 줄 알았다. 어릴 때부터 20대 후반까지 교회에서 지내며 만난 남자들은 하나같이 다정했고 배려가 깊었다. 그런데 남편은 달랐다. 너무나도 달랐다.

남편과 처음 만난 것은 고속버스에서였다. 나는 결혼을 한다는 친구의 말을 확인하려고 진주에 갔고 그는 진주에 사는 누나를 만나고 부산으로 내려가는 길이었다. 1980년대 후반 한 대통령 선거를 앞두고 있었던 때라 고속버스는 만석이었다. 스마트 폰으로 좌석을 예매할 수 있는 시대가 아니었기에 그저 줄을 서서 기다릴 수밖에 없었다. 친구가 기사님께 부탁해 간신히 얻은 한 자리. 그렇게 나는 그의 옆자리에 앉았다. 그는 이어폰을 꽂고 다리를 흔들며 음악을 듣고 있었다. 나는 복잡한 마음으로 창밖만 바라보았다. 조용히 가고 싶었지만 그는 가끔 기사님과 대화를 나누었다. 그의 크고 투박한 목소리가 신경 쓰였다. '아, 잘못 앉았다'라는 생각뿐이었다. 우리는 2시간 동안 아무 말도 하지 않았다. 부산 고속버스터미널에 도착하기 직전에 만덕 고개에서 차가 막혔다. 평소 같으면 10분이면 도착할 거리가 40분이나 걸렸다. 그때 남편이 말을 걸었다. "집은 부산입니까?" 나는 짧게 대답했다. 왜 그때 그렇게 자연스럽게 대화를 이어갔는지 모르겠다. 그 후로 그는 퇴근 시간이 되면 늘 직장 앞에서 나를 기다렸다. 그렇게 우리의 만남은 시작되었다.

남편은 모 그룹의 서울 본사에 근무하고 있었다. 그는 주말마다 부산으로 내려오면서 우리의 만남은 이어졌다. 친구들을 좋아하는 사람이었기에 단둘이 보내는 시간보다 함께 어울리는 것을 더 선호했다. 대부분 그가 내려왔지만 서울에 간 적도 있었다. 서울역에 마중 나온 그와 걷다가 높은 탑을 보고 물었다. "저기가 어디에요?" 그는 "저기가 남산입니다"라고만 했다. 너무 어이가 없었지만 그저 남자답다고 여겼다. 연애 기간은 길었지만 자주 만나지 못해 서로를 깊이 알 기회는 적었다. 특별한 운명이라는 느낌은 없었지만 서로가 편한 사람이었다. 서른을 앞두고 양가에서 결혼 이야기가 나왔다. 부모님이 만나기만이라도 하자고 해서 인사를 하게 되었다. 양가 어르신들이 모인 그 자리에서 결혼 날짜가 정해졌다. 1월 1일에 만나 1월 26일에 결혼식을 올리기로 했다. 이유는 단순했다. 2월이 오기 전, 한 살 더 먹기 전에 결혼해야 한다는 어른들의 뜻이었다. 너무나 갑작스러운 상황에 둘 다 말을 잃었지만 그렇게 우리는 결혼했다.

지금 생각해보면 너무나 철없었다. 인생에서 가장 중요한 결정을 어떻게 그렇게 쉽게 하였을까? 신부의 설렘도 없이 모든 게 너무 빨리 지나갔다. 결혼 준비는 간단했다. 점심시간에 잠시 외출해 웨딩드레스를 보고 신혼여행도 얼마 전에 다녀온 제주도로 다시 가기로 했다. 신혼여행 첫날 제주지사에 근무하고 있는 후배와 그는 밤새 술을 마셨다. 다음 날, 같은 호텔에 투숙한 신혼부부와 함께 택시 관광을 했다. 그 신혼부부는 중매로 결혼했다고 한다. 체격이 왜소한 어린 신부는 체격이 큰 신랑이 무섭다고 나에게 하소연했다. 우리는 신랑끼리 신부끼리 따로 시간을 보내기로 했다. 로맨틱할 줄 알았던 신혼여행은 이렇게 어이없이 지나갔다.

결혼 전, 남편은 월급을 어머니께 드렸다고 했다. 그러나 결혼을 앞두고 보니 막상 도움을 받을 수 없었다. 예상치 못한 상황들이 이어졌다. 모든 것을 우리가 해야 했다. 결혼 후, 우리는 단칸방에서 신혼살림을 시작해야만 했다. 남편은 전형적인 경상도 남자로 말투는 투박했고 '남자는 하늘, 여자는 땅'이라는 가부장적인 사고방식을 가지고 있었다. 나이 차가 크지 않았는데도 그는 너무 보수적이었다. 나는 일을 계속하였고 결혼 후 얼마 되지 않아 임신하였다. 입덧은 없었지만 잠이 그렇게 오던 시기였다. 그런 상황인데도 남편은 친구와 회사 직원들을 데리고 왔고 술상 준비를 시켰다. 늦게 귀가하는 일이 많았다. 모든 면에서 남편은 늘 당당했다. 나의 주변에는 술도 담배도 하는 사람이 없었기에 그렇게 취해서 오는 사람을 이해할 수 없었다. 생활 습관도 달랐다. 나는 빨래를 모아서 하는 것이 효율적이라고 생각했지만 남편은 빨랫거리조차 눈에 보이면 안 된다며 바로 세탁해야 한다고 했다. 식습관도 달랐다. 나는 모든 음식을 싱겁게 먹었지만 그는 맵고 자극적인 음식을 좋아했다. 나는 생선을 좋아했지만 남편은 고기를 더 좋아했다. 하지만 시간이 지나면서 우리는 서로 닮아갔다. 이제는 남편이 나처럼 천천히 설거지를 미루기도 하고 나는 그처럼 고기를 즐긴다. 나는 한 끼 식사하더라도 분위기 좋은 곳에서 천천히 즐기고 싶어 하지만 남편은 값싸고 푸짐한 음식을 선호한다. 이런 점은 여전히 변하지 않고 있다. 나는 주변이나 가족들의 사소한 일이나 기념일 등을 되도록 챙기려고 한다. 이런 나를 이해하지 못하겠다고 한다. 남편은 평소에는 잘하다가도 기념일은 잘 못 챙긴다. 결혼기념일에 아들들이 케이크나 꽃을 사준다. 40여 년의 결혼 기간 중 남편에게 받아 본 건 손을 꼽을 정도다.

  몇 년 전, 그와 함께 내가 다니는 산악회에 함께 간 적이 있다. 사람들과 잘 사귀는 남편은 산악회 사람들과 바로 친해졌다. 그는 후배에게 "나한테 평생 세 끼밖에 밥을 얻어먹지 못했다"라고 하더란다. 그 말을 들은 후배는 나에게 와서 형부가 왜 그렇게 웃기냐고 한다. 과장도 적당히 하지, 나 참…. 정말 뻥(허풍) 잘 치는 남편이다.

큰아이가 결혼한 후 내게 물었다. "엄마, 아이 키우면서 어떻게 일했어? 그것도 공부까지 하면서?" 나도 때때로 자신에게 묻는다. 결혼 후에도 나는 학업에 대한 꿈을 포기할 수 없었다. 결국 야간 대학에 입학했다. 남편은 "하고 싶은 걸 하게 해 줄게"라고 했지만 막상 내가 뭔가를 하려 하면 늘 제동을 걸었다. 그런데도 나는 최종 학위를 취득했다. 그 과정에서 남편도 많은 희생을 했다. 지금 생각해보면 남편이 육아를 많이 도와주었기에 가능했던 일이었다. 남편은 대기업에 근무하다 IMF 때 퇴직했다. 현실적이고 냉철한 사람이었지만 믿었던 선배에게 퇴직금을 사기당한 뒤 방황했다. 음식점을 운영하고 유통업도 했지만 실패를 반복했다. 때로는 이해할 수 없는 선택을 했고 나를 힘들게도 했다. 하지만 그는 가족을 위해 성실하게 살아왔고 지금도 채무를 갚기 위해 밤낮으로 일하고 있다. 빠르고 편한 길이 아닌 정직한 길을 선택한 그의 모습이 존경스럽기도 하지만 때로는 안쓰럽다.

우리의 만남은 어느덧 40년 가까이 되었다. 너무나 다른 두 사람이 함께 살아오면서 때로는 치열하게 때로는 잔잔하게 시간을 보냈다. 이제는 서로 다름을 인정할 수 있게 되었다. 둘이 하나가 될 수 있다는 것은 믿기 어렵지만 우리는 서로를 이해하고 받아들이고 있다. 그의 굽어가는 등이 때로는 안쓰럽고 그 또한 나의 나이 들어가는 모습이 때로는 안타까울 것 같다. 여전히 나는 남편과 손을 잡고 국내 곳곳을 여행하며 걷고 싶다는 꿈을 꾼다. 남편은 가끔 산에 갈 수는 있어도 그런 일은 절대 없을 거라고 한다. 앞으로도 작은 문제로 티격태격하겠지만 나는 안다. 남편은 언제나 내 든든한 편이라는 것을. 내 인생의 로또라고. 여보, 고마워요.

2-2.
인간애로 살아요

김연희

직장 동료 소개로 만나 육 개월 만에 결혼했다. 첫 만남은 여의도 〈런던 팝〉이었다. 첫 눈빛이 마주친 순간 환하게 웃는 모습이 귀여웠다. 나도 자연스럽게 미소 지었다. 눈도 동글, 코끝도 동글, 손끝도 동글동글하였다. 처음 마셔 보았던 진토닉은 쌉쌀하면서도 청량했고, 입안 가득 은은한 레몬 향이 오래 남았다. 소개해 준 직장 동료는 우리가 처음 마주한 순간, 여의도 하늘에 천둥 번개가 쳤다며 두고두고 농담하곤 했다. 남편은 여동생만 있고 나는 남동생만 둔 첫째였다. 둘 다 과묵하고 표현 서툴렀다. 만날수록 믿음 깊어졌고 헤어지면 보고 싶어졌다.

다음 해 봄 결혼했다. 결혼식 날 우리는 자꾸 웃음이 났다. 시어머니께서 결혼식에서 웃으면 첫딸 태어난다고 하셨다. 남편은 3대 독자라 시어머니의 진정한 걱정이었다. 첫째는 딸이었지만 찍은

붕어빵같이 남편 닮아 큰딸 이뻐하였다. 그 후 2년 3년 4년 간격으로 네 아이가 태어났다. 네 명 모두 각자의 리듬대로 빛나는 삶을 살아가고 있다. 결혼 전이나 아이 키우면서도 우리는 담백한 사랑과 믿음 쌓아가는 인생 동반자다. 소리 내 크게 싸운 적도 없다. 둘 다 참는 습관 때문이기도 했다. 처음 몇 년은 나만 죽으라고 참는 줄 알았다. 좀 더 시야를 넓혀 보니 남편도 나만큼 참고 있다는 것을 알았다. 스트레스 해소는 아이들 눈빛에서 위로받거나 긴 일기로 감정 정리했다.

친정아버지는 자상하고 술을 전혀 못했다. 남편은 무뚝뚝하고 술을 무척 좋아했다. 늘 국가와 회사를 위해 헌신한다는 자부심으로 하루를 25시간처럼 살았다. 그렇게 바쁜 일정이었지만 한 주 한 번은 가족과 시간 보냈다. 술이 들어가면 말도 많아지고 나를 비롯해 아이들까지 차례로 껴안으며 "사랑해"를 연발하였다. 평소 흐트러짐 없이 반듯하던 사람이 나사 몇 개 풀린 듯 무장 해제된 모습이 신기했다. 아이들 교육에 관한 것은 나에게 일임하였다. 그뿐만 아니라 집안일은 손도 까닥하지 않았다. 방 등 갈아달라고 하면 무서워 손을 덜덜 떨었다. 전구 돌려 빼는 것도 못했다. 못질은 벽에다 들어가기도 전에 휘어졌다. 너무 웃겨서 결국 내가 다 했다. 나이가 드니 못질도 잘하고, 등도 척척 잘 교체하고 이제는 청소기도 돌리고 요리까지 하기도 한다.

남편 직장 이동으로 몇 년마다 춘천과 서울을 오가며 이사 다녔다. 춘천에 살던 시절, 남편은 가끔 한밤중에 선후배들과 삼차로 우리 집으로 왔다. 본인들만의 방식으로 배려한다며, 술과 안주 양 손 가득 사 들고 들어섰다. "형수님, 상 차리기 힘드실까 안주까지 사 왔어요!" 웃으며 따라 들어온 5~6명은 거나하게 술에 취한 상태였다. 모두 기분이 좋아 보였다. 그 시절 춘천은 밤늦게까지 떠들며 노는 것이 가능했다. 술에 취한 동료들을 남편과 함께 차로 데려다준 적도 여러 번 있었다. 모두 횡설수설하는 가운데서도 남편은 언제나 말짱했다. 새벽이면 어김없이 일어나 출근하는 모습은 한결같았다. 투철한 직업정신이 대단해 보였다. 술자리도 업무의 연장이라며 늦게 귀가하는 날이 많았다. 그 시간에 책 읽고 그림 그렸다. 나의 창조적 능력을 일깨우고 확장하는 시간이 되었다.

술 마시고 늦게 들어온다고 잔소리한 적은 없었다. 왜 안 오냐고 전화한 적도 없었다. 습관은 쉽게 바뀌지 않는다. 본인도 고치기 어려운 습관 굳이 바꿔보겠다고 애쓰고 싶지 않았다. 그 에너지는 아이들에게 쏟았다. '별 탈 없이 집 찾아 들어오니 다행이네'라고, 좋게 생각하기로 했다. 남편은 평생 술 끊겠다는 말을 달고 살았다. 끊지 말고 줄여봐. 그것도 안 되면 그냥 즐겁게 마시라고 했다. 퇴직 후엔 모임이 줄면서 술 마시는 횟수도 자연스럽게 줄었다. 대신 치아가 약해져 몇 개를 뽑았는지 모를 정도였다. 몇 년째 임플란트 시술 중이다.

남편은 바쁜 와중에도 아이들과 내 생일, 결혼기념일, 시댁과 친정 부모님 생일, 명절 선물까지 빠짐없이 잘 챙겼다. 가장 기억에 남는 생일 선물은 150송이 빨간 장미 꽃다발과 케이크 그리고 두둑한 돈 봉투였다. 그날 사진을 지금도 소중히 간직하고 있다.

너무도 다른 성향을 인정하며 공통점을 찾아보려 다양한 활동에 도전했다. 남편이 좋아하는 로맨스 영화 보면 내가 지루했고, 내가 좋아하는 SF 영화 보면 남편은 대놓고 코를 골았다. 영화 장르 성향이 같은 막내딸과 자주 다녔다. 코로나 이후 넷플릭스로 대신한다. 테니스는 체력 안 따라줬다. 볼링은 허리 아팠다. 수영은 찬물이 싫었다. 골프장은 여름 뙤약볕과 겨울바람이 버거웠다. 그중 등산은 둘 다 좋아했다. 같은 코스 올라가도 매번 새로운 모습 보여주는 숲길. 나무에서 뿜어져 나오는 피톤치드 향기, 파도 소리를 내는 바람 소리, 맑고 고운 새소리, 피고 지는 야생화까지 숲속 자연환경은 그대로 힐링이 되었다.

막내가 걷기 시작할 무렵부터 온 가족이 모락산, 관악산, 청계산 등을 다녔다. 춘천 살 때는 건봉산, 삼악산, 연인산, 문배마을까지 함께 올랐다. 막내가 다섯 살 무렵 여름날 건봉산 중간에서 억수같은 소낙비를 만났다. 비가 온다고 산에서 뛰면 위험하다. 걷던 속도로 하산하는 것이 제일 나은 방법이다. 남편은 앞장서고 나는 맨 뒤에서 막내딸 손 꼭 잡고 걸었다. 아이들은 말없이 비를 맞으며 부지런히 걸었다. 산 아래 내려오니 비가 그쳤다. 옷 다 젖었지만 산 아래 무사히 도착하니 안심이 되었다. 서로의 몸에서 모락모락 피어나는 김을 바라보며 웃을 수 있었다. 아이들이 고등학생이 되면서 한 명씩 빠지더니 결국 우리 둘만 남았다. 요즘은 주로 둘레길이나 학의천가를 걷는다. 남편만 아직 산 정상까지 등산한다.

나는 혼자 있을 때 에너지 충전하는 사람이다. 남편이 퇴직하니 혼자 있던 나만의 리듬이 깨졌다. 남편은 30여 년 동안 오르기만 했던 직장이다. 그 끝에는 퇴직과 하루아침에 사라진 직책, 적응하느라 무척 힘들어했다. 남편은 한동안 친구도 만나지 않았다. 빠짐없이 다니던 모임도 잘 나가지 않았다. 처음 몇 개월은 함께 시간을 보냈다. 퇴직하면 꼭 가고 싶어 했던 유럽 여행도 다녀왔다. 나는 너무 멀어 힘들었다. 유럽 여행에 대한 로망은 단 한 번의 여행으로 사라졌다. 남편은 또 가보고 싶다고 했다. 친구들과 가라고 했다. 대신 우리는 국내의 여러 산을 다녔다. 남편이 퇴직하고 나서야 발견한 사실, 나이로 인한 호르몬 변화와 맞물려 놀라울 정도로 말이 많았다. 남편이 재취업하면서 고요한 나만의 시간이 찾아왔다.

남편은 부부가 취미 하나쯤은 함께해야 한다고 말한다. 우리 취향은 너무 달라 접점을 찾기 어렵다는 것을 젊을 때부터 알았다. 나이가 들었다고 달라지는 것은 없다. 서로 다른 취향이 결혼 전에는 매력이었다. 결혼 후에는 서로 성장시키는 디딤돌이 되었다. 유일하게 함께하는 건 날씨가 따뜻하거나 시원할 때 둘레길 맨발 걷는 것이다. 춥거나 더운 날엔 혼자 학의천이나 공원 황톳길을 맨발로 걷는다. 건강 챙기는 남편은 주말이면 산 정상까지 등산한다. 둘이 외식할 때는 한번은 남편이 좋아하는 것으로 그다음은 내가 좋아하는 것으로 번갈아 먹는다. 먹고 싶은 것이 별로 없다 보니 60대 이전에는 뭘 먹어도 상관이 없었다. 60대 전후로 아픈 이후부터 내가 좋아하고 싫어하는 것이 무엇인지 찾기 위해 노력하고 있다.

서로 늙어가는 모습 마주하며 애잔하다. 나에게 좋은 일이 생기면 진심으로 기뻐해 주었다. 내가 뭐든 하고 싶다고 하면 아낌없이 지원하고 응원해 주었다. 부모님보다 더 오랜 세월 함께했다. 살아보니 좋은 일도 좋지 않은 일도 때가 되면 다 지나가더라. 어떠한 상황이 생기거나 사라져도 연연하지 않는 지혜도 생겼다. 애정 지나 우정 넘어 이제는 인간애로 40년 채워가고 있다.

2-3.
별 남자, 별 여자 없더라

김정갑

    떠밀려 생판 모르는 남자랑 선보고 일주일만의 결혼. 그런 결혼도 반백 년 넘게 살았다. 달랑 불알만 차고 장가간다더니 남편이 그랬다. 경찰공무원 순경으로 재직한 5여 년 동안 하숙비 제외한 봉급은 동생들 학비와 시골 부모님께 보냈단다. 결혼 두 달 후 살림 나갈 단돈 만 원도 없었다. 가진 거라곤 손바닥만 한 까만 소니 트랜지스터라디오와 영어사전이 전부였다. 전설의 고향에서나 나올 법한 선 보고 일주일만의 결혼담, 서서히 풀어 봐야겠다.

    1969년 11월 하순. 엄마가 친손녀 업고 친구 집에 마실 갔다. 자취생 방에서 쩌렁쩌렁한 목소리가 들린다. 왜 그러냐 물으니 총각이 선보고 퇴짜 놓아 어른이 노발대발이란다. 한참 후 집에 걸려 온 전화, 갑이 선 한번 보자. 아버지는 딸 많은 집 선보는 거 예사지. 우리 집으로 낯선 남자가 부모님께 인사한다. 지금은 무료주차장으로 사용하는 남보극장 맞은편 (복개천 개발) 2층 다방에 별생각 없이 긴 머리 질끈 묶고 월남치마 입은 채 갔다. 엄마가 뒤통수 대고 "화장이나 좀 하고 가지" 한다. 퉁명스럽게 대꾸했다. "화장은 무슨." 이 층 올라가니 여중 친한 친구가 있었다. "아니 네가 웬일이야?" 친척 오빠 선보는 사람이 너라고 해서 왔단다. 세상 참 좁다. 그 옆에는 까까머리 여섯째 시동생 될 학생도 있었다. 나는 혼자인데 지원군 데리고 왔다. 경북 예천까지 갈려면 밀양역에서 출발하여 김천역에 하차 후 영주행 버스로 두 시간을 더 가야 하는 서울보다 먼 거리다. 바쁘다더니 일어설 기미 없다.

다음 날 시아버님 되실 분이 사성 들고 오셨다. 우연이 필연이 됐다. 가란다고 선 자리 나간 것이 180도 인생 뒤집힌 순간이다. 아버지 말씀은 공무원이라 신원조회 결격사유 없다. 박봉이지만 딸내미 굶기지 않겠다. 말단 순경이나 경찰서장 거쳐 국회의원 정치 입문하겠노라는 포부를 밝혔다, 나이 서른 행여 장가갔나 호적 떼보니 서류상 문제없다. 왜 이제 결혼하냐? 바쁜 농사로 자식이 9남매니 일찍 장가들면 고생시킬까 천천히 가고 싶었다. 동네 친척들은 고자냐 놀려대기도 했단다.

아버지가 점수를 후하게 준 것은 해군 83기 하사 5년 6개월 군 복무 중 경남대 법정 학과 야간 대학 졸업장을 받았다는 것이다. 빈 몸이지만 눈매가 초롱초롱 의지가 보였단다. 시댁 쪽은 아들 일곱 딸 둘 9남매 중 둘째 아들, 친정 쪽은 딸 일곱에 아들 둘 중 둘째 딸로 9남매 둘째가 공통점이라면 공통점이다.

1969년 12월 5일 10시 선보고 일주일 만의 결혼이다. 고장 난 엔

진처럼 멈추지 않았다. 기가 막힌 것은 신랑 쪽 친구는 단 한 명도 없었다. 결혼식 참석한 시숙, 당숙, 시동생들 대신한 결혼사진이 씁쓰레하다. 더욱 황당한 일은 결혼식 끝나고 친정집 형부들이 신랑과 얘기하는 중 느닷없이 신혼여행 간다며 벌떡 일어섰다. 한마디 상의 없이 일방적으로 밀고 나가는 무계획을 그때 알아봤어야 했다.

1970년 2월 예천읍 노하동 29번지 사글셋방 만원 3,000원 선금 걸고 20일 월급 타면 주겠다 했다. 주인집에서 허락했다. 살림살이는 아무것도 없었다. 구공탄 부엌 겨우 한 사람이 비집고 들어갈 수 있는 공간에 사과 궤짝 위 천을 씌우고 압정을 꽂았다. 내 방이 생기는 소꿉놀이다. 예천의 명문가 고래 등 같은 기와집 여덟 가구 함께 살았다. 우리 방은 펌프 소리가 요란한 구석방이었다. 방에는 포마이카 상 하나로 밥 먹을 때 밥상 책 볼 때 책상 이불 없을 때 이불장으로 활용했다. 상상도 할 수 없는 원시적 생활 무일푼으로 시작 셋방살이 1년 동안 7,860원 매달 부어 십만 원 목돈 타서 고향에 보냈다. 한 푼도 안 쓰고 모은 거금이었다. 적금 넣고 이천 원으로 살았다. 대구로 발령받았다. 도시 생활 빠듯한데 수시로 농번기다 시동생 등록금을 요청했다. 다섯 살 세 살 한 살 삼 남매 키우면서 힘들어도 박절하게 거절하지 못했다. 그때마다 대구시 봉산동 이웃사촌 구멍가게 영은이 엄마에게 돈 빌리러 갔다. 시댁에서는 경찰공무원이라 걱정 없이 잘 살 것이라 믿었을 것이다. 시동생도 마찬가지다. 힘들다 얘기한 적 없다. 생필품 외상 자주 빌린 돈

매월 20일 봉투째 들고 갚았다. 가불 인생 살 수밖에 없었다. 이름도 성도 몰랐다. 그냥 영은 엄마라 불렀다. 너무 늦었지만 영은 엄마를 꼭 찾고 싶다. 우리를 믿고 말없이 쑥쑥 돈 빌려준 영은 엄마, 나보다 서너 살 위지 싶다. 팔순은 넘었을 거다. 힘들 때 배려해 준 영은 엄마 덕분이다. 정중히 인사하고 따뜻한 밥 한 그릇 해 드리고 싶다. 밤새도록 얘기하고 싶다. 그 당시 남동생이 의대생이란 얘기 들었다. 나의 애틋함이 전달되길 기도한다. 모녀가 통통하고 멋진 갈색 머리카락이었다. 영은이도 아들딸 낳고 회갑이 지났을 것이다. 보고 싶다.

결혼 20년 동안 출장이다, 비상이다 하여 단 한 번도 고향 간 적도 애들과 근교 소풍도 간 적 없다. 당연히 경찰공무원 남들 다 놀 때 근무해야 하고 설 명절 꿈도 꾸지 않았다. 남편은 오히려 휴가를 반납하고 두 배 세 배 공적 쌓으며 순경에서 경장 경사 경위 특진, 특진 경정까지 승진했다. 투철한 애국심과 공무원으로서의 사명감으로 명예는 얻었다. 삼 남매 대학 등록금 대출, 전세금 대출 공무원아파트 대출, 서울 생활 물가를 따라갈 수 없었다. 오죽했으면 서울 동생은 나를 두고 길패션 언니라 불렀을까? 길바닥에 펼쳐 놓은 물건을 산다고 부쳐진 이름이다. 뼈 아픈 말이다. 매달 정해진 날 봉급을 받을 수 있는 것이 얼마나 다행인지 몰랐다. 항상 같은 날 갚을 수 있었으니 말이다.

남편의 공적조서 일급 비서인 내 손으로 직접 썼다. 마침내 서울 딸네 집 오신 엄마 고등학교까지 눈을 뚫어 놨으니 남편 거들어 준다고 흐뭇해했다. 부모님의 은혜 살아갈수록 배가 된다.

　반백 년 너머 사는 동안 얼마나 많은 어려움과 자식들 일로 다툼이 많았겠나? 애들 초등학교 시절 동화책 사준다고 노발대발했다. 교과서 공부면 된다는 융통성 없고 고지식한 사람이다. 한평생 소통 부재로 살아왔다. 퇴직하고 나이 들어가니 강고집이 옹고집으로 도대체 마이동풍이다. 입던 옷 갈아입을 줄 모른다. 나이 들어가니 귀찮은 모양이다. 옷 좀 갈아입어라, 제발 좀 씻어라. 목구멍이 따갑다.

　그럼에도 불구하고 이 남자 버리지 못하는 이유 있다. 펌프 소리 요란한 단칸방 시절 입덧 심해 밥알 하나 넘기지 못하던 때였다. 근무 중 사과 궤짝 위에 포도 한 송이를 올려놓고 빨간 플라스틱 바가지 덮어 놓았다. 밥 대신 먹었던 두 송이 아닌 포도 한 송이, 그날의 순수한 마음이 살면서 큰 버팀목 되었다. 형편이 안 되어 그렇지 마음은 있구나. 그때의 진정성 맥이 되어 미운 정도 정이라 한세월 견뎌왔다.

　남편은 이제 여한이 없단다. 여행도 웬만큼 다녔다. 결혼 후 경찰 간부 재직 중앙대학원 1회 법정 행정대학원 석사학위까지 받았다. 남들보다 잠을 쪼개고 낮에는 경찰 근무 밤에는 석사 공부하여 2년 6개월 만의 졸업장을 받은 대단한 노력파다. 늘 실핏줄이 터졌다. 빼곡히 쓴 메모장을 보물로 간직하고 있다. 결혼 당시 친정아버지께 약속한 서장 목표도 이루었다. 서장으로 발령은 받지 못하였으나 명예퇴직 총경을 달았다. 어엿한 서장급이다. 그리고 퇴직

2년 후 무소속으로 분당갑 국회의원에 출마하여 공무원아파트 잡혀 공탁금을 냈다. 꿈을 향해 가족들을 희생시켰다. 여기까지 와보니 인생 뭐 별거 아니다. 소통 부재로 단답형으로 살아가지만 한평생 잘 참고 살았다. 여든여섯의 나이인데도 고혈압 당뇨병 고지혈증 성인병 약은 아직이다.

부부의 연은 하늘이 맺어준다는 책임감 하나로 견뎌왔다. 항상 그 자리에 있는 남편 신뢰가 바탕이다. 평생 술상 봐 달라는 일은 없었다. 직장 집 오가며 항상 그 자리 있었다. 얼마 전 연명치료 거절하는 사인을 했다. 자식을 위하고 자신을 위한 죽음을 준비한다. 우리가 그럴 나이다. 사는 게 별일 아니라 사는 게 별일 많아 티격태격한다. 생면부지의 남자를 만나 여기까지 왔으니 기적이다. 오십칠 년 차 세월의 무게, 전 우주가 담겨 있다. 대단하다. 자식 손주보다 제1 순위에 올려주는 마음 고맙다. 어른들 글쓰기 등록시켜 시즌 2 합류하게 해준 것도 남편이다. 평소에 써둔 글 보면 무조건 잘 썼다. 우째 이리 기억력이 좋노? 여러 명의 독자보다 단 한 사람의 찐 팬 순수하게 응원하는 남편의 착한 인성이 최고다. 마음 편히 글을 쓸 수 있는 오늘이 생애 최고의 선물이다. 이보다 더 큰 보상은 없다. 여든을 바라보는 내 목소리보다 나를 비우고 측은지심으로 남은 인생 살기로 노력한다. 반세기 넘도록 버티고 견디며 살아왔다. 그 끝은 소망인 글쓰기를 하고 있다는 것이다. 되돌아보니 함께한 세월 감사한 마음으로 끝마치고 싶다. 선보고 일주일만의 결혼도 살아보니 살만 하다. 별 남자, 별 여자 없더라.

2-4.
자줏빛 소국 한 다발

김정숙

　초등학교 발령을 기다리던 날 동사무소에서 전화 한 통 걸려 왔다. 아르바이트해 볼 생각 있느냐고 물었다. 특별한 일정이 없던 터라 망설이지 않고 바로 수락했다. 다음 날 가벼운 마음으로 동사무소로 향했다. 주어진 일은 단순했다. 하루 종일 서류 정리하고 아침 아홉 시 출근 저녁 여섯 시 퇴근하는 반복되는 하루였다. 지루하지만 편안한 리듬 속에서 시간은 천천히 흘러갔다. 그러던 어느 날 뜻밖의 얼굴과 마주쳤다. 민원 업무 보러 온 낯익은 친구였다. 초등학교 시절 '숙 트리오'라 불리며 늘 붙어 다니던 정숙, 희숙, 외숙이 중 외숙이었다. 대학 졸업하고 각자 진주와 산청에서 공무원 시험에 합격해 새로운 삶을 기대하며 준비하고 있었다. 셋 다 발령 대기 중이라 심적으로 부담이 없었다. 마음 편안했던 시기라 여유로웠다. 덕분에 자주 만나 일상의 조각들을 나눌 수 있었다.

어느 날 카페에서 숙 트리오 모임을 하고 있었다. 낯선 아저씨가 다가와 인사를 건넸다. 외숙이가 아는 사람이었다. 대학 동아리 선배라 했다. 아저씨는 어색하지 않게 우리 대화 속에 스며들었다. 인상은 밝고 편안했다. 말을 많이 하지 않았지만 친근하고 온화한 분위기였다. 그날이 평생 함께할 사람과 처음 만난 날이 될 줄은 상상도 못 했다. 그 무렵 볼링이 한창 유행이었다. 볼링과 수영을 배우며 여유로운 시간을 보내는 중 뜻밖의 소식이 찾아왔다. 건강검진 결과 갑상샘암이 발견된 것이다. 생전 처음 병원에 입원하고 치료받으며 낯선 병원 생활을 보내고 있었다. 아저씨가 꽃다발을 들고 병원에 왔다. 놀라고 당황스러웠다. 회복이 덜 된 상태라 목소리가 제대로 나오지 않았다. 가족들도 있어 더 쑥스럽고 부끄러웠다. 돌아간 뒤 꽃다발을 보고 웃음이 터졌다. 장미라며 건넨 꽃은 자줏빛 소국이었다. 입원한 환자에게 국화를 가져온 사람. 어설픈 실수 같았다. 하지만 오히려 소박한 순수함에 덜 부담스러웠다. 그 후 자주 연락이 왔다. 만나기라도 하는 날이면 친구들과 늘 함께 만났고 친구들과 아저씨 사이에서 다리 역할을 했다.

여름방학 무렵 부모님은 늘 하동 집에서 지냈다. 나도 발령을 기다리며 하동에 머무르던 중 아저씨는 지나는 길에 잠시 들르겠다고 했다. 별생각 없이 가벼운 마음으로 집으로 맞이했다. 그 만남이 이렇게 커다란 일로 번질 줄은 몰랐다. 얼떨결에 처음으로 가족들을 만나는 자리에서 느닷없이 결혼 이야기를 꺼낸 것이다. 당황스러운 가운데 부모님은 단호했다. 우리 애는 양말 한 짝도 못 빨아봤고 할 줄 아는 게 없으니 같이 살면 고생할 거라 했다. 딸을 걱정하는 엄마 마음이 담긴 말이었다. 아저씨 대답은 황당했다. 지금 못하는데 5년 10년 지난다고 잘하겠느냐는 것이었다. 나조차 처음 듣는 결혼 이야기에 어이없었다. 당시 엄마는 화가 많이 났고 이후에도 완강했다. 이상하게도 반대가 강해질수록 안쓰러웠다. 문득 어릴 적 삼촌이 해 준 말이 떠올랐다. 결혼할 사람 고를 땐 담배 피우는 사람은 피하라고 했다. 그런 사람은 대체로 정리 정돈 안 된다고 했다. 공교롭게 아저씨는 술도 담배도 안 했다. 어린 시절 막연히 들었던 삼촌 말이 선택에 묘한 확신을 주는 것이었다. 아저씨는 조용하지만 자신감 있고 절제력 강한 사람이었다. 매사 계획적이고 삶을 정돈하는 태도 속 믿음직함이 있었고 성실하고 신중한 사람이었다.

시간이 흐를수록 신기하게 아저씨가 원하는 바람대로 흘러갔다. 결국 상견례까지 하는 날이 되었다. 엄마는 참석하지 않았다. 아버지와 나만 아저씨 식구들을 맞이했다. 아버지는 집에 돌아와서도 말씀이 없었다. 그 침묵은 이미 마음을 내려놓은 체념 같기도 했다. 결혼 준비는 아버지와 했다. 이불, 장롱, 식탁, 가전제품 하나하나 아버지 손길이 닿지 않은 곳이 없었다. 무엇을 준비해야 할지 몰라 당황하던 아버지 모습이 기억난다. 그때 마련한 원목 식탁은 지금도 우리 가족과 함께하고 있다. 아이들이 어릴 땐 책상으로 쓰였고 가족 모임의 중심이 되기도 했다. 식탁 위에는 세월이 켜켜이 쌓였고 우리 삶의 이야기들이 조용히 배어들어 있다.

결혼식에도 엄마는 참석하지 않으려 했다. 결국 이모님이 나서서 설득해 겨우 참석할 수 있었다. 결혼식 전날 친척들이 하나둘 모이기 시작하니 꿈이 아닌 현실임을 실감했다. 남이 아닌 내 인생에 큰일이 일어나고 있었다. 두려움이 몰려왔다. 도망이라도 가고 싶었다. 청첩장 취소하면 어떻게 될까. 먼저 부모님 체면이 걱정이었다. 밤새 고민하며 결국 잠 한숨 못 자고 결혼식장으로 향했다.

주변에서는 걱정 섞인 말들이 끊이지 않았다. 나이 차가 많이 난다는 둥 홀어머니를 모시다시피 살아야 하니 힘들 거라는 둥 칠 남매 중 막내아들이라 부담이 클 거라는 등등. 그래도 당당하게 이에 앞서 말했다. 운동 많이 하면 나이 차는 극복할 수 있고 남들 고기 먹을 때 풀 먹고 살면 된다고 했다. 그 말은 한동안 친척들 사이 어록처럼 회자했다. 지금도 친척이 모이면 농담처럼 묻는다. 요즘 운동 열심히 하는지 고기 먹고 사는지 풀 먹고 사는지에 대해 유쾌하게 답한다. 고기도 먹고 풀도 먹고 잘 살고 있다고.

결혼 후 시댁 식구들 통해 남편 정보가 자연스럽게 흘러들었다. 집 안에 소문난 효자이고 깔끔하고 깐깐하다 했다. 씻어놓은 운동화가 마음에 안 든다며 새로 씻었다는 얘기해주며 걱정했다. 살다 보니 걱정과 달리 좋은 점이 더 많았다. 집 청소 신경 안 써도 되었고 섬세하고 배려 있는 사람이었다. 한결같이 운동하고 부지런했다. 결혼 10년쯤 지나 임파선으로 전이된 암이 세 번째 재발하였다. 수술 후유증으로 회복은 더디었다. 숨이 차 걸음도 제대로 걷지 못했다. 누군가 도움 없으면 먹지도 씻지도 못했다. 아이 돌봄과 집안일은 모두 남편 몫이 되었다. 그래도 힘든 기색 없이 묵묵히 잘 도왔다. 남편이 힘들다는 걸 알면서도 고마움보다 짜증을 쏟아냈다. 머리 감겨주면 마음에 안 든다고 투정하기 일쑤였다. 그런 나를 향해 남편은 말없이 기다려주었다. 초긍정 사람답게 인내를 가르쳐 주고 있었다. 지금 생각하면 그의 존재 자체가 삶의 은혜다. 우리는 자주 대화한다. 이야기하며 해답을 찾고 함께 웃으며 삶을 다시 세운다. 가까이에서 긍정으로 끌어내 주는 사람이 있어 다행스럽다.

반대 속에 시작된 결혼이었지만 돌아보면 만나서 행운이다. 아저씨라 불렀던 만남부터 모든 게 서툴렀다. 살면서 버거운 날도 있었다. 기쁜 날 아픈 날 서운한 날도 있었다. 하지만 그 모든 시간을 견딜 수 있었던 건 무던한 남편이 함께 있었기 때문이다. 부부로 살아온 지 삼십여 년이 훌쩍 지나갔다. 이제 삶의 스승으로 자리 잡고 있다. 존경스럽고 고마운 사람이다. 아버지가 사준 원목 식탁처럼 우리는 세월을 함께하며 단단해졌다. 처음 받은 자줏빛 국화 한 다발처럼 화려하진 않지만 조용하고 따뜻함으로 서로의 삶에 머물고 있다.

2-5.
33년 동안 3번의 가출

문현순

23년이 지난 지금도 황당하고 어이없는 싸움. 결혼 10년 만에 처음 한 싸움이었다. 11살 8살 두 아이의 부모가 아이들 앞에서 싸웠다. 운전면허증 취득과 동시에 결혼 10년 선물로 남편이 사준 자동차를 운전하게 되면서다. 연수도 받지 않고 운전한 지 3개월쯤 시댁 생일 잔치에 가던 길이었다. 서툰 운전에 바짝 긴장하며 운전 중이었다. 차 한 대가 겨우 지나가는 200미터의 골목길이었다. 이미 중간까지 진입한 내 차와 건너편에서 승용차가 진입하려다 마주친 상황이었다.

후진 운전이 서툴러서 건너편 차가 비켜주기를 기다렸다. 그런데 조수석의 남편은 나더러 뒤로 후진하라고 했다. 후진하는 것이 서툴다고 했지만 계속 재촉했다. 남편의 큰 목소리에 어쩔 수 없이 후진했다. 손에 힘이 들어가고 신경은 곤두서며 땀 나기 시작했다.

나도 모르게 욕을 하며 후진했다. 더 커진 남편 목소리에 화는 계속 났다. 건너편 차가 지나갔는데도 쉽게 진정되지 않았다. 이후 속력을 내어 간 곳은 또 다른 좁은 길이었다. 후진하는 것을 도와준다고 남편이 내리자 후진하여 우리 집을 향해 운전했다. 사이드 미러로 뛰어오는 남편을 보고 마지못해 공터에 멈췄다. 달려온 남편은 차에서 내리란다. 내리지 않자 벽돌을 들어 던지려 했다. 안 내리면 차를 부수겠다고 소리 질렀다. 차 안에서는 아이들이 울고 있었다. '설마 나를 때리지 않겠지'라며 차에서 내렸다. "때릴 거면 때리라"고 같이 소리 질렀다. 왜 가족보다 타인이 먼저냐며, 무엇이 소중하냐고 물었다. 남편은 어떻게 욕을 할 수 있느냐며 더 크게 소리쳤다. 그러다 동시에 "우리 이혼하자 이혼해"라고 소리 질렀다. 토요일이라 월요일에 법원 가자며 집으로 왔다. 다음날에도 남편은 가구점을 개점하였고, 나는 아이들을 데리고 친구 집에 갔다. 친구와 얘기 도중 남편으로부터 전화가 왔다. 배송하러 가니 가게 좀 봐달라고 했다. 안 가겠다고 버티다 세 번째 재촉 전화를 받고 가게로 왔다. 배송 갔다 온 남편은 봉투 두 개를 들고 웃으며 돌아왔다. 화해하자면서.

큰아이 고등학교 2학년 어느 밤. 무엇 때문인지 아들 방에서 큰 소리가 났다. 소리 듣고 가보니 아들은 의자에 앉아 책상을 바라보고 있다. 화가 많이 난 남편은 당구 큐로 아들을 때리려 했다. 내가 얼른 막았고, 옆에 있는 선풍기가 부서졌다. 그러자 남편은 갑자기 속옷과 양말, 옷들을 쇼핑백에 담으면서 나가겠다고 했다. 진정하라며 달래는 내 손을 뿌리치고 빈손으로 나갔다. 그러자 아들은 이

층집 계단을 내려가면서 "아빠 짐은 가져가셔야죠.!" 하며, 싸놓은 쇼핑백을 들고 뒤따라 내려갔다. 잠시 뒤 아빠가 사라졌다며 쇼핑백을 가지고 올라왔다. 나는 장문에 글을 써서 남편에게 보냈다. 이틀 뒤 남편은 일상으로 복귀했다.

몇 년 뒤 또 남편은 가출했다. 친정엄마 칠순 때. 흥이 많고 유머러스하고 자상한 사람이지만 술을 좋아했다. 그날도 기분 좋다며 술을 많이 마셨다. 적당히 마시라는 친정 식구들 잔소리에 남편이 짜증을 냈다. 나의 짜증스럽고 감정 섞인 말에도 화를 냈다. 잔치가 끝나고 새 아파트로 입주한 여동생네로 이동하게 되었다. 남편은 계속 화난 상태여서 이동하는 차에서까지 말다툼이 이어졌다. 화를 못 참은 남편은 신호 대기 중에 내려버렸다. 아들에게 얼른 아빠 따라가라고 보냈다. 곧바로 따라갔으나 아들 혼자 돌아왔다. 또 장문의 편지로 달랬다. 다음날 집에 돌아온 남편은 아무렇지 않은 듯 일상생활을 해갔다. 남편은 화가 나면 가출로 그 자리를 피했다. 나는 남편을 어르고 달래며 살아가는 결혼생활이었다. 그러던 어느 날 남편에게 큰 사고가 발생했다.

취업박람회장에서 취업 상담 중이었다. 모르는 번호로 온 전화를 받으니 중년 남성이었다. 남편의 직장 동료였다. 남편이 일하다 사고로 응급수술을 했으나 출혈이 너무 심해 못 깨어나고 있다는 소식이었다. ○○○○ 병원이라고 알려줬다. 살아만 있으라고 기도하며 아이들과 병원에 갔다. 통화했던 동료가 기다리고 있었다. 다행히도 남편은 깨어나 병실에 있었다. 퉁퉁 부은 얼굴로 누워 있던 남편은 우리를 보자마자 울었다. 말은 못 하고 계속 울기만 했다. 남편 손을 잡고 살아줘서 고맙다고 했다. 아무 걱정하지 말고 치료 잘 받자고 위로했다. 사고는 일터에서 작업 중 톱날로 쇠를 자르는 공구인 그라인더가 왼쪽 손목을 스친 것이었다. 많은 출혈이 있었다. 손가락으로 연결된 힘줄들이 대부분 끊어졌다. 초기 응급조치 미숙으로 엄지손가락의 힘줄을 찾을 수 없었다. 엄지손가락의 기능 회복을 위해 셋째 손가락의 힘줄을 끌어다가 잇는 수술까지 3번하고 사고 후 3년 동안 재활했다. 그럼에도 남편은 기타 치며 노래 부르는 취미활동을 더 이상 할 수 없게 됐다. 아무 걱정하지 말고 치료 잘 받자고 위로했다. 남편은 아이들이 아직 학생들이어서 더 걱정했다. 내가 직장 다니니 다행이지 않냐고 안심시켰다. 그동안 너무 열심히 살아왔으니 잠시 쉬어가는 힐링 타임으로 생각하자고 달랬다. 남편에게 3년 동안 경제적 어려움을 단 한 번도 얘기하지 않았다. 오로지 마음을 잘 추스르는 것만 바랬다. 지금도 계속된 통증에 시달리고 있다. 왼손은 부자연스럽다. 다시 찾은 일상에서 일할 수 있음을 감사하며 지내는 남편이 고맙다.

남편 덕분이었다. 살아 낼 수 있었던 그 사건. 24년 전 하나뿐이던 제부가 죽었다. 100일도 안 된 딸을 두고 교통사고로 죽었다. 여동생에게 제부를 내가 소개했기에 충격이 컸다. 나는 장례 후 겨우 직장생활만 했다. 계속 잠을 못 잤다. 1주일째였다. 미용 보조 일을 마치고 방에 들어서니 이럴 수가~ 집안 분위기가 확 바뀌어 있었다. 천장과 모든 벽이 연한 꽃무늬 벽지로 도배돼 있었다. 남편을 쳐다봤다. 아이들을 위해서라도 자네가 기운을 되찾았으면 좋겠기에 한 거였다고 했다. 혼자 가구점을 운영하며, 손님 응대와 배송도 하고, 학교에서 돌아온 아이들까지 보살피면서 한 것이다. 남편의 마음을 헤아리니 미안했다. 나도 힘을 내자며 마음을 다잡았다. 이렇듯 남편의 세심한 배려로 슬픔에서 빠져나올 수 있었다.

34년 전 미성숙한 청춘남녀의 만남이었다. 10분간의 첫 만남에서 남편은 내 손을 잡더니 평생 내 손을 놓지 않겠다고 맹세한 항해사였다. 사귄 지 2달 만에 외국으로 떠났다. 10개월 기간으로 승선했으나 6개월 만에 돌아왔다. 나를 놓칠 것 같아 왔단다. 사귄 지 2년 만에 큰아이를 품고 시작한 결혼생활이었다. 3번 가출에도 33년간 함께하고 있다.

아침잠이 없는 아내와 늦잠 자는 것을 좋아하는 남편, 등산하는 것을 좋아하는 아내와 "다시 내려와야 할 산을 왜 올라가느냐"는 남편, 생선을 좋아하는 아내와 생선 냄새를 싫어하는 남편, 애교가 없는 아내와 세심하고 유머러스한 남편이다. 나와 다른 유전자, 자라온 환경, 성격, 가치관도 다른 둘이 만나 가정을 만든 것이다. 부모님과 살았던 시간보다 부부로 함께한 시간이 더 오래다. 때로는 싸웠다. 오해했다. 가끔은 통제하려 했다. 특히 흡연에 대해서는 아직도 불협화음이다. 서로 배려하며 맞추려고 노력하고 있다. 받아들이고 이해하려고 한다. 따로 또 같이 33년 결혼생활은 서로의 존중은 물론 받아들이고 이해하며, 서로 맞춰가는 것이다. 잘 살아가고 있다.

2-6.
우리는 톱니바퀴 부부

박은경

나는 연애를 하지 않았다. 오빠들이 일찍 결혼한 탓에 아버지는 술자리에서 자식들 맞선 한 번 못 봤다며 서운해했다. 나는 아버지의 소원을 이루기 위해 연애보다 중매결혼을 택하기로 마음먹었다.

친구들과 미팅도 해봤지만 서너 번 만나다 흐지부지 끝나는 일이 많았다. 졸업과 동시에 시작한 교직 생활은 내게는 천직이었다. 아이들의 반짝이는 눈빛은 결혼보다 교육에 더 마음을 쏟게 했다.

포항에 사는 언니는 하루가 멀다 하고 결혼을 재촉했다. 연애에 소질이 없던 나에게 결혼 상대를 찾는 일은 쉽지 않았다. 그러던 중 숙모가 지금의 남편을 소개해 주었다. 육사를 졸업하고 Y 대에서 석사 학위를 받은 데다 미국 유학까지 다녀온 유망한 육군 대위였다. 엄마는 직업군인이라는 이유로 반대했다. 멋진 제복과 탄탄

한 이력에 끌렸고 숙모의 소개이기도 해 만나보기로 했다.

남편은 12시에 온다더니 오후 3시가 넘어서야 도착했다. 대전에서 오느라 늦었다고 했다. 엄마 숙모 그리고 나 셋이 함께 맞선 자리에 나갔다. 첫인상은 기대와 달랐다. 키 크고 멋진 제복 차림을 상상했다. 실제로는 키도 크지 않았다. 계급장과 훈장이 달린 군복도 어딘가 어색해 보였다. 그 자리를 박차고 나오고 싶을 만큼 실망스러웠다. 하지만 30분쯤 지나 어른들이 자리를 비우고 우리 둘만 남게 되었다. 분위기가 달라졌다. 유쾌하고 재치 있는 말솜씨에 시간 가는 줄 몰랐다. 우리는 자정 가까이까지 대화를 나눴다. 다음 날 다시 만나기로 하고 집으로 돌아왔다.

이후 남편은 서울 중대장으로 발령이 났다. 대구로 내려올 수 없었다. 우리는 전화로 소통을 이어갔다. 결혼을 결정하기까지 쉽지 않았다. 엄마와 언니는 군인의 아내가 겪을 고단한 삶을 우려하며 반대했다.

하지만 남편의 또렷한 눈빛과 패기 특유의 말솜씨에 점점 마음이 끌렸다. 결국 주말마다 내가 서울로 올라가 부대 근처에서 데이트를 했다. 지프차를 타고 군복에 권총을 찬 남편의 모습은 정말 멋져 보였다. 언젠가 그 어깨에 별을 달아 주고 싶다는 생각이 들었다. 그해 1988년 늦가을 엄마의 허락을 받아 육사에서 결혼식을 올렸다.

'멋진 모습은 그저 겉모습일 뿐'이라는 걸 결혼 후 곧 깨달았다. 교직 4년 차로 자리를 잡은 상황에서 직장을 그만두면 평생 후회로 남을 것 같았다. 무엇보다 나를 의지하던 엄마가 걱정되었다.

그렇게 주말부부 생활이 시작되었다. 토요일 오후 1시 퇴근 후 엄마가 싸주신 반찬을 들고 새마을호를 타고 서울로 향했다. 기차로만 3시간 40분 하룻밤 자고 돌아오는 짧은 일정이었지만 한 주도 빠짐없이 다녔다.

1년 뒤 남편이 다른 곳으로 발령 나며 급히 이사해야 했다. 남편은 집 상태가 괜찮다며 굳이 보지 않아도 된다고 했다. 소문은 달랐다. 내가 보겠다고 하자 남편은 "내 말보다 남의 말을 더 믿느냐"며 짜증을 냈다. 막상 가서 보니 말문이 막혔다. 6개월 넘게 비어 있던 집안은 먼지로 자욱했다. 깨진 유리창 사이로 살을 에는 한겨울의 찬바람이 파고들었다. 벽에는 이미 검은 곰팡이까지 번져 있었다. 결국 작은아버지 도움을 받아 자정 넘도록 청소하고 도배했다. 연탄 아궁이에 불을 지피고 돌아온 뒤, 과일상자를 구해 밤새도록 이삿짐을 마저 쌌다. 다음 날 영하의 날씨에 만삭의 몸으로 이사했다.

도배는 마르지 않아 찢기고 집 안은 냉기가 감돌았다. '그래서 엄마가 결혼을 반대하셨나…' 눈물이 났다. 이후 30년 동안 20번의 이사를 혼자 해냈다. 이사 때마다 생각 차이로 남편과 다투기도 했다. 진해·강원도·김포·용인·과천·조치원 등 전국을 옮겨 다녔다. 낯선 환경에 적응하며 힘든 날이 많았지만 아이들과 함께한 추억은 내게 큰 위안이 되었다.

특히 강원도 간성 최전방 철책 근무 시절이 기억에 남는다. 명절에도 고향에 가지 못하는 병사들을 위해 설음식을 준비해 위문을 갔다. 남편은 비상사태에 대비해 군복을 입고 군화를 신은 채 잠을 잔다고 했다. 식수는 계곡 얼음을 깨서 공급한다고 했다. 샤워는 엄두도 못 내고 양치와 세수만 겨우 할 수 있었다.

그날은 영하 20도 아래로 기온이 떨어졌다. 간이부엌의 식자재는 모두 얼어 있었다. 전방의 거칠고 열악한 환경을 직접 마주하자 집안일로 남편에게 쏟아냈던 투정이 부끄러워졌다. 최전방의 긴장감 속에서 하루하루를 지내는 남편이었다. 후방에서 편히 지내는 내가 오히려 더 감사해야 했다.

남편은 2~3주에 한 번씩 아파트로 내려와 아이들을 보고 다시 복귀했다. 지금은 많이 달라졌겠지만 1994년 그 시절은 참으로 고되었다.

남편은 어학에 능하고 새로운 것을 배우는 걸 좋아하는 성격이다. 1995년 1년간 포르투갈 군사대학에 유학을 가게 되었다. 나는 현지 한글학교 교사로 초청을 받아 온 가족이 함께 떠났다. 결혼 후 처음으로 긴 시간을 함께한 시기였다.

남편 말을 믿고 큰 이민 가방 두 개에 최소한의 짐만 챙겨 출국했다. "현지에서 다 조달하면 돼"라던 남편의 호언장담은 도착하자마자 현실 앞에 무너졌다. 부족한 것투성이었다. 그해는 우리 부부가 가장 자주 다투었던 시기이기도 하다. 주말부부로 지내며 묻어두었던 성격 차이와 생활 방식의 차이가 고스란히 드러났다. 서로의 방식을 옳다고 우기며 부딪히기 일쑤였다.

그 무렵 아이가 있는 집이라면 캠코더 하나쯤은 꼭 있어야 할 때였다. 100만 원이 넘는 고가의 물건이었다. 나는 아이들의 크리스마스 공연을 영상으로 남기고 싶어 한국에서 미리 사자고 했다. 남편은 "포르투갈 현지에서 사면 절반 값"이라며 강하게 반대했다. 결국 캠코더 없이 출국했다. 현지에 도착해서 보니 영상 방식이 한국과 달라 국내로 돌아가면 사용할 수 없다는 사실을 알게 되었다. 사지도 못하고 찍지도 못하는 상황에 결국 그해 크리스마스는 영상 없이 지나갈 뻔했다.

답답한 마음에 또다시 언쟁이 벌어졌다. 결국 남편은 화가 나 집을 나갔다. 아들은 놀라서 울며 "아빠 가지 마!"하고 불렀다. 남편은 "캠코더 사 올게!"라는 말을 남기고 그대로 차를 몰고 나갔다. 그러나 자정이 넘도록 돌아오지 않던 그는 결국 빈손으로 집에 들어왔다.

며칠 뒤 우리 사정을 들은 미군 친구 잭이 도와주겠다고 했다. 그는 미국 본토의 PX 통신판매를 통해 한국과 같은 영상 방식의 캠코드를 대신 주문해 주었다. 가격도 절반 수준이었다. 덕분에 가까스로 크리스마스 시즌에 맞춰 캠코드를 손에 넣었다. 아이들의 공연을 영상에 담을 수 있었다.

그로부터 30년 가까이 시간이 흘렀다. 얼마 전 우연히 그때의 캠코더 테이프를 발견했다. 가족이 둘러앉아 웃음 반 눈물 반으로 그 영상을 함께 보았다. 당시 다섯 살이던 아들도 조용히 말했다. "그날 아빠가 나가버리던 거… 아직도 기억나."

결혼 후 나의 직장 선배들은 나를 '장군의 아내'라고 불렀다. 아이들이 태어나자 이들은 '장군의 아들' '장군의 딸'이라 불렀다. 들을 때마다 얼굴이 화끈거리고 쥐구멍에라도 숨고 싶을 만큼 쑥스러웠다. 남편의 친구들은 나를 '교장 선생님'이라고 불렀다. 평교사였던 나는 괜히 놀리는 건가 싶기도 했다. 그런데 정말 '말이 씨가 되었을까.' 남편은 장군으로 나는 교장으로 정년을 맞이했다. 우연처럼 들었던 별명들이 우리 인생을 비춘 거울 같기도 하다. 젊은 날 서로를 부추기고 이끌며 함께 걸어온 세월 속에서 우리는 각자의 길에서 최선을 다했으며 서로의 자리에서 빛났다. 우리는 참 잘 만난 사람들이다. 천생연분이라는 말이 실감 난다.

우리 부부는 여전히 완벽하게 딱 맞는 톱니는 아니다. 하지만 오래 굴러온 톱니는 닮아간다. 돌아가는 속도도 비슷해지고 한쪽이 멈칫하면 다른 쪽이 슬쩍 밀어준다. 그렇게 우리는 서로의 결을 익히고 모서리를 둥글게 깎아간다. 천천히 꽤 그럴듯하게 돌아가고 있다.

그게 부부라는 것을 우리는 그해 포르투갈에서 처음 배웠다. 두 개의 다른 톱니가 똑같을 필요는 없다. 함께 굴러가는 법을 배우면 되는 것이다.

2-7.
아가씨! 우리랑 살면 참 잘 살겠어요

신미앵

부산 대청동의 성 바오로 서원을 자주 방문했다. 모임 총무를 맡은 나는 축일 선물로 책을 사기 위해 서원으로 갔다. 새로운 상본이 나오면 앨범을 만들어 수시로 들여다보고 묵상하기 좋아했다. 들국화 가득한 들에서 수녀님들의 환한 사진과 "기쁜 소식을 전하는 이들의 발이 얼마나 아름다운가!(로마10,15)"의 성구와 수녀님 두 분이 걸어가는 사진 앞에서 감동하며 한참 동안 시선을 떼지 못했다.

그날도 평상시와 같이 서원에 갔다. 원장 수녀님께서 다가오시며, "아가씨! 우리랑 살면 참 잘 살겠어요."했다. 성소자 모임에 초대해 주셨다. 수녀님의 관심을 받았다는 점이 기분 좋았다. 매월 성소자 모임에 나가서 기도하는 법을 배우고 신앙심을 키울 수 있는 여러 프로그램에 참여했다. 2년 정도 참여를 하고 있을 즈음에 이제 결정할 때가 되었다고 수녀원에서 연락이 왔다. 서울 본원으로 성소자 상담하러 갔다. 부모님께서 동행해서 적잖이 놀랐다. 예상대로 강력하게 반대하셨다. 상담하는 중 들어오라는 수녀님 권유도 받아들이지 않고, 추운 겨울 바깥에서 떨고 계셨다.

통신 수단을 우편으로만 주고받던 시절이라, 수녀원에서 소식이 오지 않았다. 내가 탈락이 되었다고 생각했다. 나중에 안 일이었는데 엄마는 수녀원에서 오는 편지를 모조리 내게 주지 않았다고 고백했다.

근무하던 직장에 후배 직원이 새로 왔다, 군에서 제대하고 복직했다고 한다. 낯선 직장 분위기 편하게 대하라고 친절하게 인사했다. 그 친절을 오해하고 복직 한 달 만에 내게 사귀자는 제의를 해 왔다. 나는 관심 없었다. 더구나 후배였고, 수녀원 입회를 고민하던 중이었다. 정중하게 거절했다. 거절하니 더 적극적으로 만날 것을 재촉했다. 적극적인 제의에 나는 "만약 내가 결혼한다면 천주교 신자가 되어야 한다"라며 다시 거절했다. 자기 집안은 개신교이니 천주교는 큰집이라서 괜찮다는 것이었다. 그리고 나의 마음을 돌려놓았다. 신앙생활 방해하지 않겠다. 본인도 신자가 되겠다. 서약과 함께 관면혼배했다. 그러나 결혼 생활이 시부모님의 신앙생활 간섭으로 난관 겪으며 시작되었다. 결혼 당시 나의 직장은 부산에 있고, 남편의 직장은 마산에 있었다. 게다가 남편은 야간 대학 공부도 병행하고 있었다. 그런 남편을 위해 신혼집을 마산에 정하고 내가 조금 더 수고하자고 생각했다.

결혼식 일주일 앞둔 일요일 마산 자취방에 있던 남편의 짐을 신혼집으로 옮겼다. 일을 모두 마치니 어두워졌다. 서둘러 시댁으로 가며 공중전화를 했다. 전화기 속의 시아버지 음성이 불안감을 자아냈다. 되돌아갈 수 없는 상황이었다. "왜 이리 늦었느냐?" 질문에 주일이라 미사참례 후 이사를 하느라 시간이 걸렸음을 설명했다. 순간 불호령이 떨어졌다. "우리 집에 광신도 며느리 필요 없다." 시간을 보니 밤 10시였다. 무려 2시간 동안 훈계를 듣고 나는 시댁의 문을 나섰다. 결혼식이 앞으로 일주일 남았는데 물릴 수도 없는 일, 앞으로 닥칠 일이 걱정되었다. 제일 중요하게 생각한 나의 신앙생활은 이 순간부터 위기였다. 가족 친지 직장동료 모두에게 청첩장 돌렸고 난감했다. 신앙생활이 드러나면 안 되겠다. 나로 인해 가족들 사이 언성 높이는 일이 있게 해서는 안 되었다.

마산 합성동 성당 미사를 몇 번 참례한 후 나의 신앙생활은 시들한 상태가 되어버렸다. 첫째가 태어나면서 매주 쉬는 날 시댁으로 가야 했다. 남편이 시댁에선 막내다. 우리 딸이 첫 손녀였다. 매주 보고 싶다는 시부모님의 바라는 바를 이루어 드려야 한다고 생각했다. 당연히 주일 미사 참례는 엄두도 못 냈다. 남편에게 나를 처음 만났을 때 약속은 어찌 되었냐고 반문하지도 못했다. 상대방의 말을 쉽게 믿는 나의 책임도 있다고 생각했다. 부모님 밑에서 생활할 때보다 결혼 생활, 직장생활은 시간이 더 빨리 흐르는 것 같았다. 준비 없이 시작한 결혼 생활에 적응하기 힘들었다.

힘든 일의 첫 번째는 남편 건강에 이상이 생겨 입원했던 일이다.

원거리 발령이 나서 근무지로 이사했다. 어느 날 퇴근하고 온 남편의 얼굴이 노랗게 보였다. 심상치 않음을 감지하고 즉시 응급실로 갔다. 예상대로 간이 안 좋았다. 남편은 결혼 전에도 간이 안 좋다고 얘기했다. 대수롭지 않게 여겼다. 너무 빨리 병원 가는 일이 생겼다. 불안한 마음으로 의사를 만나러 갔다. 의사의 진단에 귀를 집중했다. 일주일 내 사망할 수도 있다고 한다. 순간 모든 일이 여기서 멈추는 듯했다. 제일 먼저 우리 딸들이 생각났다. 아직 어린데 어떡하나? 고민도 잠시 접어 두고 무엇을 먼저 해야 하나? 의사의 설명을 알아듣지 못했다. 간에 대한 상식이 없었던 나는 서점으로 달려갔다. 간에 관한 책을 여러 권 샀다. 단숨에 읽었다. 병원에서는 수치가 너무 높은데 차도가 없다고 한다. 주변에 도움 줄 수 있는 사람을 찾았다. 다행히 병원에서 아는 분을 만났다. 처방 약이 달라지고 차도가 있기 시작했다. 남편의 식습관이 까다로워 입원 기간 매일 네 번 집에서 바로 만든 음식을 가지고 병원으로 갔다. 주차장에 세워진 차를 보고도 나는 오르막 내리막길을 걸어서 다녀야 했다. 운전면허증의 절실함도 느꼈다. 그래도 피곤한 줄을 몰랐다. 딸들과 남편을 지켜야 한다는 각오가 힘든 일을 잊게 했다. 병원에 있는 날짜가 제법 되었다. 퇴원 후에 휴직하며 몸을 쉬게 해야 했다. 간이 안 좋은 남편은 보험 가입할 수 없었다. 병원비와 건강 회복하기 위한 지출이 증가했다. 휴직으로 인한 소득도 줄어 우리 가정의 경제 경고등이 커졌다. 가장이 건강해야 한다는 친정아버지 충고가 그제야 생각이 났다. 친정아버지는 남편의 건강을 걱정하며 결혼 승낙에 긍정적이지 않았다. 수녀원 간다고 하니 나를 좋아하는 사람과 결혼시키는 것이 낫다고 생각했다고 후일에 말씀하셨다.

  남편의 건강은 회복과 재발을 거듭했다. 그럴 때마다 휴직도 반복했다. 당연히 승진도 기대할 수 없었다. 그래도 기대하는 마음이 실망하는 마음으로 다치지 않게 위로해야 했다. 남들 시선 의식하지 말자 해도 마음처럼 쉽게 되질 않았다. 구조 조정 대상자 명단 확인하며 매번 인사이동 때마다 괴로워했다. 그래도 다시 해보자는 각오도 다졌다. 남편은 첫 승진에서는 뒤처졌다. 다음은 정상 궤도에 합류했다. 낙오되지 않으려는 각오와 각종 실적이 주어질 때 최선 다해 이루어 내는 열정도 발휘했다. 나도 남편의 실적을 달성시켜 주기 위해 도왔다. 정성이 다하면 결과가 좋다는 것을 체험했지만 직장 환경 변화에는 늘 촉각을 곤두세웠다. 뒤처진 기록은 꼬리표가 되어 달려 있었다.

  남편이 퇴직하겠다고 한다. 평생직장이라며 27년을 잘 버텨 왔는데 남편의 제의를 막을 수는 없었다. 힘든 직장도 잘 견디어 내었으니 새로운 일도 잘할 수 있다고 했다. 그러나 1년 만에 퇴직금 4억 3천만 원을 몽땅 다 잃은 다음에 달콤한 장밋빛 제의는 유혹이었다는 것을 알았다. 남편이 직장생활 힘들었구나! 그래서 변화를 늘 모색하고 있던 터에 만났던 고객의 제안이 새로운 길이 될 거라고 믿었구나. 나는 남편과 속마음을 나누지 못했다. 대화가 부족하니 남편의 마음을 속속들이 알지 못했다. 그제야 나는 이 시기에 남편과 가장 많은 대화를 했다. 건강은 당연히 안 좋았다. 육신 건강은 물론 이제 정신 건강을 지켜내는 일도 해야만 했다. 우울증이 오면 더 감당하기 힘들 것 같았다. 남편과 대화로 그동안의 직장생활 힘들었던 부분 이해했다. 위로하고 마음을 다독여야 했다. 잃어버릴 뻔한 남편을 다시 찾았다. 잃어버린 퇴직금을 남편 찾은 비용이라고 마음을 바꾸었다. 시간이 지나면서 편안함이 찾아왔다. 온갖 시련 속에서 다시 찾은 남편은 아주 귀한 사람인가 보다!

시련은 처음에 강도가 세게 그리고 약하게 다시 좀 더 세게 왔다.

얼마 전 남편이 응급실로 실려 왔다는 연락이 왔다. 이번에는 심장에 이상이 있다고 한다. 다행히 위기는 넘기며 다시 일상으로 복귀했다. 늘 깨어 기도하라는 신호로 여긴다. 숨 쉬는 일상의 모든 일이 감사하다. 숨겨 두었던 신앙생활은 이제 밖으로 드러내어도 된다.

파도타기 결혼생활! 이젠 잔잔한 파도가 오기를 기도한다.

2-8.
영원한 내 편

양정회

결혼 38년 차, 남편은 늘 나를 보고 출세했다고 말한다. 하동 옥종 촌에서 창원 도시로 시집왔다고.

스무 세 살 때부터 부모님은 나만 보면 선을 보라고 달달 볶았다. 방학 때 집에 들르면 한두 밤 자고 도망가기가 바빴다. 선 안 본다고 짜증을 내면 지금 당장 신랑감을 데려오라고 했다.

그러다가 지인의 소개로 만난 사람이 지금의 남편이다. 상록다방 입구에 들어서는 그를 보자마자 '아, 저 사람이다.' 마음속으로 결정해 버렸다.

짙은 남색 정장에 빨간 넥타이를 매고 손에는 신문을 말아 쥐고 있었다. 2대8 가르마에 운동선수처럼 어깨가 넓고 키가 180cm쯤 되어 보였다. 환하게 웃는 모습이 잘생겼다. 그때부터 콩깍지가 씌었다.

홀시어머니에 칠 남매의 장남, 종갓집 맏며느리. 친구들은 섶을 지고 불구덩이로 뛰어드는 격이라고 했다. '그게 뭐 어때서, 죽기야 하겠어?' 내 귀에는 아무 말도 들리지 않았다.

우리는 1986년 4월에 결혼했다. 남편은 창원, 나는 하동에서 1년 동안 주말부부로 지냈다. 그는 월차를 내고 수요일쯤 하동에 오곤 했다. 보고 싶어서 주말까지 기다릴 수 없다고 했다.

남편은 키가 크고 나는 아담한 편이다. 지인들은 우리를 보고 '고목 나무에 매미'라고 했다. 남편은 내가 해주는 부침개와 비빔국수를 제일 좋아했다. 나중에 우리 둘 다 실직하면 시장에서 국수 장사하자고 농담처럼 말하곤 했다.

그는 유쾌하고 운동을 잘한다. 친구뿐만 아니라 주위에 사람이 많다. 친척 집이나 어떤 모임에서도 분위기를 이끌어 간다. 결혼 후 첫 설날 친정 큰아버지 댁에 갔을 때다. 남편이 보이지 않아 웃음소리가 나는 작은방으로 갔다. 남편이 방 한가운데에 앉아 있고 사촌 언니, 오빠, 동생들이 빙 둘러앉아 있었다. 뭐가 그리 재미있는지 모두 하하 호호 웃음이 끊이지 않았다.

그는 중학교 때 배구선수였다. 젊었을 때 친선 배구대회가 있는 날은 지인들이 우리 집에 와서 남편을 데려가곤 했다. 나도 몇 번 경기를 보러 간 적이 있다. 그의 포지션은 세터(setter)다. 공중으로 뛰어올라 강스파이크를 때린다. 상대편은 받기가 어렵다. 그런 모습을 보면 나도 모르게 손뼉을 치고 소리를 질렀다. 반하지 않을 수 없었다.

그는 바둑과 당구에 푹 빠져 지낼 때가 있었다. 우리 식구들 머리가 당구공으로 보인다고 했다. 첫째를 임신해 배가 남산만 할 때다. 자정이 넘어도 들어오지 않아 남편의 아지트로 잡으러 간 적도 있었다.

가끔 그는 젊었을 때의 일을 말할 때가 있다. '그땐 내가 왜 그렇게 철딱서니가 없었을까' 하고. 제일 큰 시누이는 나에게 종종 고맙다고 말한다. "동생을 사람 만들어줘서."

다음 해 창원으로 발령받았다. 첫째를 낳으면서 시어머니와 시누이, 시동생과 같이 살게 되었다. 시누이는 대학생, 시동생은 고등학생이었다. 내가 출근하고 나면 시어머니가 아이들을 봐주셨다. 덕분에 직장생활을 편안히 할 수 있었다.

남편은 잘 다니던 회사를 그만두고 사업을 시작했다. 사업이 자리 잡기까지 힘든 나날이었다. 신용대출을 최대로 받고 보증을 서가며 남편 사업 종잣돈을 마련했다. 항상 내 통장은 마이너스였다. 월급이 들어오면 잠깐 스쳐 지나고 바로 마이너스 통장이 되었다. 남편은 거의 10년 동안 집에 월급을 가져오지 않았다. 혼자 벌어서 일곱 식구가 먹고살아야 했다. 시누이, 시동생 대학까지 보내고 결혼시키고 모두가 내 몫이었다. 제사가 명절 빼고 일곱 번, 어떤 달은 두 번 있을 때도 있다. 지금은 많이 줄여서 간소화됐다. 그때는 돌아서면 또 제사가 기다리고 있었다. 밤 열두 시에 제사를 지냈다. 먹고 정리하고 나면 새벽 세 시가 될 때도 있다. 다음 날 출근하기 위해서 다섯 시에 일어나야 했다.

친구들이 한 말이 딱 맞았다. 내가 불구덩이에 자청해서 뛰어든

셈이다. 힘들어도 친정 부모님께 말할 수 없었다. 걱정시켜 드리고 싶지 않았다. 친정엄마는 이 서방이 월급은 제대로 가져오냐고 자주 물었다. 그때마다 대강 얼버무리며 걱정하지 말라고 했다.

시어머니와 함께한 시간 속에는 웃을 일보다 버거운 순간이 더 많았다. 지금도 생생하게 떠오르는 장면이 있다. 시끄러운 소리에 잠이 깼다. 새벽 네 시 조금 넘었다. 시어머니가 큰 소리로 말했다. "미친년 이리 맛있는 걸 좀 안 주고 숨겨 놨다." 김치냉장고 뚜껑을 열어놓고 김장 김치를 줄기 채로 뜯어 먹으며 서 있었다. 남편과 나는 너무 놀라고 기가 차서 말이 안 나왔다. 김칫국물이 줄줄 흘러 잠옷 여기저기에 묻었다. 얼굴에도 묻었다. 그 모습은 마치 '전설의 고향' 한 장면 같았다. 연분홍 잠옷이 밤에는 하얗게 보였으니 더 그렇다. 김치냉장고 안과 주방 바닥에는 김칫국물이 흥건했다. 청소를 다 하고 나니 날이 밝았다.

치매가 있는 시어머니는 밤에 잠을 안 자고 돌아다니는 증상이 있었다. 우리는 불안해서 방문을 열어놓고 잠을 잤다. 잠결에 뭔가 느낌이 이상해 눈을 떴다. 시어머니가 내 얼굴 바로 위에서 내려다보고 있었다. 나는 "악" 하고 소리를 질렀다. 옆에 있던 남편도 벌떡 일어났다. "엄마 제발 잠 좀 자자" 하고 소리를 질렀다. 시어머니는 누군지 한 번 봤다면서 아무렇지도 않은 듯이 자기 방으로 휙 가 버렸다.

출근 준비로 바쁜 아침이다. 또 시작이다. 시어머니는 밥을 먹으면서도 자기 돈 내가 훔쳐 갔다고 계속 말했다. "내 돈이 없어졌데 이. 어느 년이 가져갔단 말이고." 입안에 있는 밥알을 튕기면서 같은 말을 반복했다. 나는 밥을 먹는 둥 마는 둥 설거지하기에 바빴다. 내 등 뒤에서 "밥 조. 나 밥 안 먹었다" 하고 계속 큰 소리로 말한다. 그 말에 남편은 "엄마, 조금 전에 우리 같이 밥 먹었잖아"라고 말하자마자 시어머니의 온갖 십 원짜리 욕설이 바로 날아온다. 그럴 때는 그냥 밥과 국을 조금 차려드리는 게 최선이다. 이런 일들이 시어머니가 요양원 가시기 전까지 우리의 일상이었다.

그렇게 하루하루를 견디다 보니 어느 날은 선물이 찾아오기도 했다. 퇴근 시간이다. 현관을 나서는데 저만치 주차장에 익숙한 차 한 대가 보였다. 운전석 창문을 내리고 남편이 웃고 있었다. 어? 웬일이야? 전화도 없이? 내 말에는 대답도 안 하고 "좋은 곳으로 모시겠습니다. 어서 타십시오." 나는 차에 오르며 어디 가냐고 물었다. 그는 뭐가 신이 났는지 싱글벙글 웃기만 했다. 그렇게 도착한 곳은 상남동의 조용한 일식집. 입구에서 직원이 우리를 안내했다. 문을 열고 들어서니 테이블 위에 커다란 꽃바구니가 있었다. 'Happy 50th Birthday'라고 적힌 리본이 보였다.

그제야 알았다. 아, 오늘이 내 생일이라는 것을. 쉰 번째 생일. 자리에 앉자 남편이 작은 상자를 내밀었다. 은색 리본이 감겨 있는 상자를 열었다. 반짝이는 반지 하나. 그리고 짧게 쓴 손 편지.

늘 바쁘고 힘들게 살아온 당신, 나와 아이들 곁에 있어 줘서 고마워요. 당신이 있어 우리 가족이 있었어요.

코끝이 시큰해지고 눈시울이 뜨거워졌다. 늘 바쁘게 살다 보니 내 생일도 쉰이라는 숫자도 실감하지 못한 채 지나치고 있었다. 남편이 건넨 정성 어린 선물과 편지 속에는 어떤 말보다 깊은 사과와 사랑이 담겨 있었다. 나를 기억해 주는 이가 있다는 건 인생에서 가장 반짝이는 선물이라고 생각한다.

2016년 초겨울 남편과 일본 홋카이도로 여행을 갔다. 11월의 홋카이도는 도시 어디를 가나 눈 덮인 하얀 세상이었다. 여행을 가면 남편은 나의 전담 사진사로 변한다. 모든 순간을 사진으로 남긴다. 그래서 동료들은 '찍사'라고 별명을 붙였다. 중간중간 동영상도 찍는다. 내가 눈밭에 뛰어다니며 즐거워하는 모습을 영상으로 담았다. 요즘도 가끔 들여다보고 혼자 키득키득 웃고 있다.

그의 휴대폰에 나를 울 회장님이라고 저장해놨다. 전화하면 네, 회장님 하고 받는다. 나는 그냥 웃는다.

항상 당신이 1번이라고 말하는 남편. 늦게 철들었지만, 마음 씀씀이는 늘 감동이다. 영원히 힘든 사람은 없다. 메밀은 척박한 환경에서도 꽃을 피운다. 젊었을 때의 고난과 역경이 모여 지금의 나로 성장했다. 그렇게 부딪히며 살다 보니 지금은 어느새 내 옆에 든든히 자리한 사람. 퇴근 후 현관문 열리는 소리에 나는 얼른 숨는다. '까꿍' 소리에 놀라는 시늉을 하면서 웃는 남편. 영원한 내 편이다.

2-9.
속아 살아온 이마 잘생긴 남자

이상순

나를 살린 구세주!

책상 앞에 앉아 책을 가까이하는 모습을 보았다. 이마가 훤하고 공부 잘할 것 같은 모습이 좋았다. 하고 싶은 공부 못한 것이 항상 내 마음에 남아있었던 모양이다. 이렇게 현실과 동떨어진 남녀가 만났다. 진주 칠성성당 하느님 대전에서 혼배성사로 부부가 되었다. 동생을 먼저 결혼시켜 부모님께서 살던 집과 전답 모두 동생 주고 자신은 빈손으로 장가온 남자다.

퇴근해서 들어온 남편은 소주잔만 기울이며 말이 없다. 수금해 오던 공금을 복잡한 버스 안에서 도둑맞았다. 양복 안 주머니 면도 날로 찢어 빼내 갔다. 사람 다치지 않았으니 다행이라며 위로했다. 그때는 소매치기가 많았다. 남의 일로만 생각했던 일이 나에게 닥친 것이다. 결혼생활이 빚으로 시작되었다. 젖먹이 데리고 부업거리가 동네에 들어오면 가져다 무슨 일이든 가리지 않고 했다. 수도자로 살다 나온 사람이다. 사회 물정을 너무나 모르고 돈 버는 일에 젬병이다. 열심히 노력하는데 빚 갚는 데 떼고 나면 생활이 어려울 수밖에 없다. 나는 아이 키우면서 할 수 있는 기술이 있다. 다행이랄까? 둘째 아이 만삭이 된 몸으로 밤이 새도록 일했다. 일어설 수 없을 만큼 다리가 부어 꼼짝할 수 없다. 함께 일하는 동료에게 물파스 좀 사다 달라고 했다. 바르고 주무르고 나서야 일어설 수 있었다. 그때는 맞춤복을 선호하던 시절이라 일거리가 많고 바빴다.

3년이 지난 후 남편은 모 방송국에 입사하여 생활이 안정되어갔다. 해운대 주공아파트 생길 때 분양도 받았다. 방 얻으러 가면 아이가 둘이라고 싫어하는 설움도 받았다. 아파트 분양이라니 꿈만 같았다. 셋째가 태어날 무렵 전두환 정권으로 바뀌면서 언론이 통합되고 낙하산 인사가 강행되었다. 직장을 잃게 되어 생활은 또다시 어려워졌다. 아이들이 커가면서 다니던 학원도 중단해야 했다. 살얼음판을 걷는 심정이다. 우유 배달도 했다. 아이들에게 우유는 실컷 먹일 수 있겠다는 마음이었다. 우유 배달은 3~4일 하고 대리점에서 배달 경험이 있는 다른 사람으로 바뀌버렸다. 생활에 보탬이 될 일을 찾아야 했다. 생각 끝에 남편 친구에게 부탁하여 중고차 한 대 샀다. 김밥과 어묵 장사할 생각이었다. 그게 화근이 되어 이판사판 크게 싸웠다. 의논하면 분명히 못 하게 할 것 같아 말하지 않았다. 평소에 큰소리 한번 내지 않던 사람이다. 친구에게 자존심 상하는 일 했다는 이유로 불같이 화를 냈다. 홧김에 소주 한 병을 단숨에 마시고 밤새 죽도록 고생했다. 더 이상 못 살겠다. 새벽 동이 트자 집을 나섰다. 이제 당신과 마지막이라 생각했다. 막상 집을 나서니 갈 곳이 없다. 택시 타고 오륜대 순교자 성지로 갔다. 성당에 들어서니 미사 중이다. 제대 뒤 십자가에 매달린 예수님을 보는 순간 눈물이 쏟아지기 시작했다. '이대로 가정이 무너진다면 십자가 예수님의 희생이 무슨 의미가 있겠는가?'라는 생각에 이르자 지금까지 인내하며 살아오지 않았던가? 조금 전까지 끝이라 생각했던 마음이 누그러졌다. 성전 뒤쪽 순교자 묘지로 올라가 한참을 울고 또 울었다. 십자가의길 1처에서 14처까지 묵상하며 예수님의 고통을 생각했다. 못난 죄인 살리려고 걸으신 길이라는 생각에 예수님을 감히 쳐다볼 수조차 없다. 성모님과 예수님 고통 생각하면 나의 고통은 아무것도 아니다. 이어서 묵주기도 15단 길을 걸으며 한 단 한 단 묵상하며 묵주기도 바쳤다. 하루 종일 빈속에 물 한 모금 마시지 않았다. 홀로 피정했다는 생각과 가벼운 마음으로 내려왔다. 성당에 들어서니 신부님께서 저녁 성무일도기도 바치고 있다. 고해성사 보고 가벼운 마음으로 돌아왔다. 딸아이 방에 조용히 들어가 책상 앞에 앉았다. 밤사이 잠 못 자고 힘들었는지 누워 있다가 인기척을 느꼈는지 조용히 다가와 어깨에 손을 얹고 "미안하다, 잘못했다"라며 사과한다.

평소에 서예 하며 성당에 봉사도 열심히 하던 사람이다. 명동성당 세계 성체대회 준비 사무실에 갔다. 사무실에 들어서는 순간 영감을 받았다 한다. 돌아와 곧장 일을 구상하고 도안하여 몇 개월 후 개최될 세계 성체대회 기념작품 만들어 출품했다. 서예 부분에 합격했다. 성체대회 기념 앰블레임 마크 넣어 작품 제작할 수 있는 자격이 주어진 것이다. 외국에서 사목하시는 어느 신부님께 제안이 들어왔다. 작품을 복사해서 오백 개 제작해 주면 대금을 보내주겠다 한다. 그러나 작가는 절대로 복사는 하지 않겠다 한다. 작가의 자존심이 허락하지 않은 것이다. 재주도 많고 일도 많이 하지만 돈에 욕심 없는 남편 가정경제에 관심이 없는 사람이다. 밥 먹고 살면 되지 욕심내지 말자. '나는 복사 안 한다.' 선언한다. 본인 마음이니 누가 말리겠는가? 싸우는 모습을 아이들에게 보이지 않으려 노력했다. "엄마는 바가지 긁을 줄 모르나?" 아이들이 보기에 얼마나 답답했으면 엄마에게 화를 냈다. 바가지 긁어 해결될 수 있다면 밤새도록 긁을 수 있겠다며 일축했다.

명동성당을 비롯하여 전국을 돌며 전시했다. 부산교구 모 성당에서 작품을 만들어주면 좋겠다. 신축기금 마련위해 자기들이 작품을 판매해 보겠다 한다. 열심히 글 쓰고 수많은 작품 만들며 노력한 결과로 억대의 기금을 마련해 주었다. 준공식 때 주임 신부님으로부터 공로패를 받았다. 너무 많은 글을 쓴다고 무리하여 어깨와 팔에 병이 남았다.

어느 날 저녁 갑자기 찢어지는 듯한 통증이 왔다. 목이 아파 음식을 넘길 수 없게 되었다. 눈만 감으면 악몽에 시달린다. 병원에도 치료 1주일 후 좋아지다가 다시 아프니까 큰 병원에 가라고 한다. 작은 머루알 같은 기포가 생기고 터지면서 입안 전체가 헐고 물 한 모금 넘기지도 못한다. 맹물도 그토록 따갑고 아프다는 걸 그때 알았다. 물 한 모금 넘기려면 미지근한 물에 죽염을 타 조금씩 씹듯이 넘겨야 했다. 수지침 한 줌 넣어 굴리며 찔러대는 것 같은 아픔이 계속된다. 밤이면 잠 못 자고 통증에 시달리며 밤을 새운다.

갑자기 '머리를 번쩍 스치는 감사의 마음'이 들었다. '나병'은 아니구나! 나는 통증을 느끼네! '나병'은 통증을 모른다 했는데 통증을 느끼는 걸 보니 '나병'이 아니라는 생각에 감사했다. 생살을 찢어내는 듯한 고통에 울면서 감사했다.

한의원 원장님 말씀이 '화'가 차서 온 병이란다. 만약 목이 아니고 머리까지 올라갔으면 정신병자될 수 있었을 것이라 한다. 병원 치료하면 조금 나아지다 또다시 아프다. 여러 병원 진료도 해보았다. 서울에 있는 s 병원에서 검사해도 병명이 없다.

남편은 미신이라 생각했던 수맥을 생각했다. 하던 일을 접고 수맥에 대해 몰두하며 연구하기 시작했다. 2년 반 동안 연구하여 좋은 제품 개발했다. 나의 건강이 회복되었다. 건강을 되찾은 분들이 나오면서 언론에 알려지게 되었다. '한국 브랜드 대상', '혁신리더 대상'을 국회의사당에서 '한국 인물 대상'을 국제 프레스 센터에서 수상했다. 수맥에 관한 책을 4권 냈다. 걸러 오는 전화 뿌리치지 못하고 유해파를 과도하게 받은 탓에 또다시 건강에 적신호가 왔다. 유해파 풀어내는 특수치료 받으러 밀양에서 해운대까지 주 2회 일 년 정도 다녔다. 원장님께 제품을 소개했다. 만져보고 제품의 '기'가 대단하다며 극찬이다. 시력 잃고 감각으로 치료하는 분이다. 이렇게 '좋은 제품' 만들 수 있는 일인자는 고집이 한없이 센 법인데 남편 보필하신다고 대단히 고생 많으셨습니다. "사모님이 더 훌륭하십니다." 원장님 말씀에 그동안 참아왔던 일들이 떠오르며 눈물이 터져 펑펑 울었다. 전화료 내지 못해 몇 번이나 끊겼던 일, 의료보험료 내지 못해 병원 갈 수 없었다. 재료 구입할 돈이 없어 전전긍긍하던 일 말로 다 할 수 없는 일들이다.

'모든 것은 다 지나가는 것.' 어렵고 힘든 고비 잘 넘긴 덕분에 아무나 들어갈 수 없는 '국회의사당 시상식' 남편과 함께 할 수 있었다. 시련을 견뎌낸 덕분에 사모님 소리 들으며 부활의 삶을 누린다. 아이들 앞에 부끄럽지 않은 엄마다. "미워할 수 없는 나를 살린 구세주."

2-10.
너라고 하지 마

홍순옥

　시댁과 가족에게 최선을 다해 줘서 고맙다고 해 주는 남편이다. 겉보기와는 달리 말수가 적고 과묵한 모습이 묵직해 좋아 보였다. 시간이 흐르고 콩깍지가 벗겨지고 나서야 알았다. 진중한 줄 알았던 그 모습은 그냥 말이 서툰 사람이었던 거였다.
　밤 10시가 넘어 탁자 위에 놓인 지 오래된 볼품 없는 전화기가 울렸다. 직감적으로 알았다. 그에게서 온 첫 번째 전화였다. 토요일 저녁 많은 청춘이 반짝이는 간판들로 즐비한 동인천 골목을 활기차게 오가고 있었다. 우리도 그들 사이에 끼어 한 술집으로 들어섰다. 넓은 홀에는 사람들로 가득 차 있었다. 웨이터가 술잔과 안주를 들고 사람들 사이를 누비며 바삐 움직이고 있었다. 약간의 취기가 오른 불그레한 얼굴로 그는 낡아빠진 소파에 앉아 약간 몸을 앞으로 당겨 앉으며 말했다.

"지금 엄마가 세 번째 엄마야."

시끄러운 음악과 천정의 빙글빙글 도는 조명이 맥줏집을 가득 메우고 있는 그곳에서 그가 나에게 한 첫 말이다. 그를 자유롭지 못하게 했던 그 말을 그렇게 툭! 내뱉듯 입 밖으로 꺼냈다. 그 이야기는 아마도 쉽게 꺼낼 수 없는 깊은 상처였던 것 같다. 오랫동안 가슴속에 묻어두었던 이야기를 조심스럽게 꺼내놓았다. 마치 '이런 나도 괜찮을까?' 하고 묻는 듯한 눈빛이었다. 알코올이 조금 들어가서였을까. 자신의 약점을 내보이며 조심스럽게 사귀자고 말하는 그 모습이 어딘가 안쓰럽게 느껴졌다. 으스름한 조명과 시끄러운 음악에 묻힐까 봐 내게 잘 들리도록 목소리를 높여 그렇게 말했다. 그 첫 마디가 동인천의 어느 술집에서 시작한 우리의 첫 만남이 되었다. 30년이 지난 지금도 천장의 조명과 으스름한 분위기 시끄러웠던 음악과 그의 말은 잊히지 않고 있다.

집에 있는 아이들을 피해 좁은 골목 언저리에 세워진 자동차 안으로 그를 불렀다. 싸우더라도 아이들 없는 곳에서 싸우려 했다. 정말 잡기 싫었던 그의 투박한 손을 감싸 잡았다. "싸울 때는 너라고 하지 마" 신혼 때부터 부부 싸움을 할 때마다 너라고 하는 그의 말이 늘 거슬렸다. 나를 낮춰 우습게 만들어 감정에 상처를 주곤 했다. 그 말이 상처가 된다고 조심스럽게 진심을 담아 전했다. 남편은 한동안 말없이 앉아 있었다. 그러곤 내 말에 수긍하며 알았다는 말 대신 고개를 끄덕였다. 어두워 표정을 자세히 볼 수는 없었지만 진지하게 받아들이는 것 같았다. 그 후로 남편은 나의 요구를 들어줬고, 화가 날 때에도 너라고 하대하지 않았다. 남편의 그런 모습은 우리가 서로를 신뢰하는 데 중요한 역할을 했다. 싸움이 그치지 않았던 그 시절 난 남편의 손을 몇 번 더 감싸 잡았었다.

내가 남편을 이해하려 노력했던 건 남편의 불우한 어린 시절이었다. 학교도 들어가기 전 엄마가 떠났다고 했다. 20대 중반이 되어 친엄마와 잠깐 상봉했지만 이내 소식이 끊겨 지금까지 연락 없이 살고 있다. 그리고 만난 두 번째 엄마는 남편에게 그리 너그럽지 않았다고 했다. 남편은 학창 시절을 가출과 반항으로 소비했다. 그런 남자를 만난 것도 내 팔자려니 했다. 아니면 인연이었겠거니 생각했다.

새로 짓는 신축 빌라는 빨간색 벽돌로 단단하게 지어지는 것 같았다. 현관문을 열고 들어가면 환한 거실에 깨끗한 싱크대가 있는 주방이 보였다. 핑크빛이 감도는 예쁜 벽지가 있는 안방도 좋았다. 하얀 타일이 깔린 화장실도 넓고 깨끗했다. 신혼살림을 하기에 더없이 좋았다. 친정엄마가 꽤 맘에 들어 하는 장롱을 안방 문을 열면 보이는 왼편에 들였다. 문 오른쪽 깨끗한 벽에는 둘이 사모관대에 족두리를 쓰고 찍은 결혼식 폐백 사진을 걸었다.

그렇게 행복할 것만 같았던 결혼생활은 그리 오래 가지 못했다. 싸우다 화가 난 남편은 큰소리로는 성에 안 차는 듯 장롱을 발로 차며 나를 위협했다, 벽에 예쁘게 걸렸던 폐백 사진은 남편이 나간 사이 갈가리 찢겨 쓰레기통으로 버려졌다. 남편의 벌이가 변변치 않자 우리는 더욱 성난 도깨비의 얼굴이 되었다. 그럴수록 은행의 대출금이 산더미처럼 쌓여갔다. 지옥이 이런 건가 싶었다. 남편은 수입이 안 되는 일에 무기력하게 매달려 있었다.

병원비 준비도 못 한 채 갑자기 진통이 왔다. 산부인과 온돌방 내 옆에 큰애가 누워 있었다. 그 와중에 난 병원비가 걱정이었다. 다행히 사무실에서 미리 돈을 받아 병원비를 낼 수 있었다.

늦은 나이에 결혼한 나로서는 남들 눈이 무서웠다. 잘 살고 싶었다. 가까이 사는 친정에 숨길 수 없이 다 보이는 부부 싸움의 모습들이 나를 초라하게 했다. 매달 다가오는 대출금과 이자에 심장이 오그라들기 일쑤였다. 가게 월세에 집세를 내라는 독촉이 남편과 나를 쪼그라들게 했다. 결국은 1년도 못 살고 신혼집을 팔아야 했다. 자연스럽게 이혼을 떠올렸다. 그때 마음을 다잡았다. 어떻게든 이혼은 하지 말아야지 했다. 아이를 위해서라도 잘살아 보자고 결심했다.

'이 사람을 더 이상 남편이라고 생각하지 말자. 그냥 남이라고 생각하자. 남이 내게 백 원이라도 벌어다 준다면 그건 고마운 일이다.' 그렇게 기대를 접고 마음을 비웠다. 그건 남편에 대한 모든 기대를 포기하는 거였다, '체념'이었다. 그러자 이상한 변화가 찾아왔다. 그때부터 그 사람이 달라 보였다. 어제까지만 해도 마주치는 것조차 지겨웠던 얼굴이었다. 청소해 주는 것도 빨래를 도와주는 것도 새삼스럽게 고맙게 느껴졌다. 안 해도 되는 일인데 해 주는구나. 그런 사소한 일 하나에도 가슴이 뭉클해졌다. 계속 낯설기만 했던 그 사람과의 생활이 사랑은 아니더라도 괜찮을 수 있겠다. 그렇게 낯설었던 얼굴이 조금씩 편안해졌다. 이 사람과 함께한 시간이 전혀 의미 없지는 않겠구나. 그렇게 나는 아주 조금씩 다시 남편을 바라보기 시작했다.

와! 집이 깨끗해졌다. 남편이 어쩌다 집에 오면 화장실이 반짝반짝 빛이 났다. 우리는 1년 중 2~3달을 제외하고는 늘 떨어져 지내게 되었다. 남편이 가출해서 찾게 된 새로운 직업은 외국으로의 출장이 많은 일이었다. 몇 달에 한 번 한국에 들어왔고 귀국해서도 지방에서 일하는 경우가 많았다. 세월은 우리를 전생에 지구를 몇 번이나 구했냐고 물어볼 정도로 부러워하는 부부로 만들어놓았다.

남편이 집을 비우는 동안 나는 회사에 다니며 집을 지켰다.

아이들도 가끔 보는 아빠로 만족하며 잘 성장해 갔다. 바쁘게 내 일도 열심히 했다.

우린 여름휴가를 멀리 떨어져 사는 시댁 어른들과 대부분 함께 보냈다.

어느 날 시어머니 고관절이 골절되었다고 연락이 왔다. 지방병원에서는 오래 못 버틸 것 같다고 했다. 인천의 대학병원에 알아보니 수술이 가능하다고 했다. 그 후로 어머니는 마지막까지 다시 대구로 내려가지 못했다. 수술과 요양병원을 거쳐 돌아가시기 전까지 요양원에서 지냈다. 그 당시 나의 주말은 어머니의 요양원에 가는 날과 안 가는 날로 구분되어 있었다.

그렇게 시간이 흐르면서 남편은 많이 달라졌다. 아니 어쩌면 변한 건 남편이 아니라 나였는지도 모른다. 누군가를 있는 그대로 받아들이고 기다려주며 격려한다는 건 참 쉽지 않은 일이다.

남편이 쉬는 어느 날 아침 출근하는 딸이 남편에게 데려다 달라고 했다. "안 돼 엄마 출근하는 거 봐야 해." 남편의 말에 딸은 삐죽거리며 나한테 와서 이른다. 세월은 철없던 남편을 생활력 있고 다정한 사람으로 변화시켜 놓았다.

마음 한편에는 여전히 기대와 서운함이 함께 머물러 있기도 하다. 이해하려 애쓰지만 가끔은 지치고 힘들 때가 있다. 그러한 힘듦은 나만이 아니라 남편도 그럴 거라는 걸 안다. 그대로를 인정하고 기꺼이 받아들이는 지금의 내가 대견하다. 이제는 함께 걸어왔고 함께 걸어갈 수 있어서 좋다.

제3장

엄마를 선택해 줘서 고마워

3-1.
아이와 나, 함께 자란 시간

김경애

요즘은 육아휴직이 자유로운 분위기지만, 30년 전만 해도 결혼하면 회사를 그만두는 것이 당연하게 여겨졌다.

그래서 나는 결혼 후에도 자리를 지킨 회사의 첫 번째 사례가 되었다.

큰아이 출산 후 한 달간 휴가를 받았지만 아이를 맡길 곳이 없어 휴가 내내 울었다. 모유 수유도 한 달 이후에는 할 수 없어서 강제로 모유가 나오지 않게 해야만 했다. 결국 아이를 시골 시댁에 맡겼고 일주일마다 아이를 보러 가는 길은 설렜지만 돌아오는 길은 매번 눈물바람이었다.

백일이 지나고 나서야 '이건 아니다'라는 생각이 들어 아이를 데려왔다. 다행히 같은 아파트 주민이 아이를 봐주겠다고 했다. 퇴근 후에는 늘 종종걸음이었다. 출근길에 아이를 맡기고 돌아서면 아이는 목 놓아 울었고 나도 뒤돌아서며 눈물을 삼켜야만 했다. 마음이 아파서 회사에서 전화해 보면 언제 울었냐는 듯 잘 놀고 있다고 했다. 그래도 함께하지 못하는 미안함은 늘 가슴 한편에 자리 잡고 있었다.

둘째가 태어난 지 한 달 만에 남편의 직장 발령으로 제주도로 가게 되었고 나는 회사에서 처음으로 육아휴직을 신청했다. 이로 인해 여러 압력이 있었지만 결국 아이와 함께하는 1년을 선택했다. 작은아이는 낯을 많이 가려 낯선 사람을 보면 울음을 터뜨렸다. 그래서 나는 오로지 아이만 바라보며 보냈다. 다시 복직하면서 작은아이도 어린이집을 가게 되었고 나는 두 아이의 엄마로 일과 육아를 병행하며 매번 종종걸음을 해야만 했다.

큰아이가 초등학교에 입학할 무렵 학교에서 점심이 제공되지 않았다. 고민 끝에 회사를 그만두었고 어쩔 수 없이 남편이 운영하는 식당일을 도와야 했다. 이때부터 큰아이는 작은아이를 돌봐야만 했다. 작은아이는 전화로 "엄마 언제 와? 배고파" 하며 울먹였고 가게에 데려오지 않겠다고 했지만 결국 데려온 적도 있다. 작은아이는 엄마를 돕겠다며 손님에게 메뉴판을 들고 가기도 했다. 나는 다시는 아이를 가게에 데려오지 않겠다고 다짐했다. 큰아이는 친구들을 좋아해서 집에 친구들을 자주 데려왔다. 어느 날 집에 가보니 주방에 그릇이 수북했다. "엄마가 집에 없을 때 친구들 데리고 오지 말라고 했지?" 하자 "엄마는 항상 없잖아." 큰아이가 말했다. 남편을 도와 식당에서 일한 이유가 아이들을 잘 키우기 위해서였지만 아이들에게는 부모의 손길이 더욱 필요한 시기였다. 결국 나는 시간 조절이 가능한 직장으로 가기로 했고 교수님의 추천으로 지자체 기관에 취업했다. 그곳에서 5년을 일한 뒤 현재 직장에서 15년째 근무 중이다.

큰아이가 고등학교에 입학하고 작은아이가 중학생이 되었을 무렵 남편은 사업상 타지로 떠났다. 우리는 10년의 세월을 주말부부로 지냈다. 사춘기 아들들과의 날들은 매일 전쟁이었다. 정신없는 아침 시간, 큰아들은 샤워하러 들어가 한 시간째 나오지 않았고 밥 먹자고 불러도 인기척조차 없었다. 작은아이는 몇 분이라도 더 자고 싶다며 이불 속으로 파고들었다. 그 평범한 아침은 다툼으로 고성과 짜증으로 시작되곤 했다.

어느 날 업무로 작은아이 학교 근처를 지나가게 되었다. 멀리서 익숙한 뒷모습이 보였다. 설마 학원에 있어야 할 시간인데 아닐 거야 그냥 닮은 아이겠지. 하지만 들려오는 목소리는 분명히 작은 아이였다. 믿고 싶지 않았지만 그 순간을 눈으로 확인해야 했다. 아이와 친구들은 학원 건물이 아닌 게임 방으로 들어가고 있었다. 충격이었다. 곧 큰아이 역시 자율학습 시간에 게임방에 있다는 사실을 알게 되었다. 그곳으로 찾아가자 놀란 표정의 큰아이가 눈앞에 서 있었다. 다시는 안 하겠다 아이는 약속했다. 하지만 며칠 후 아이는 다시 그 자리에 있었다. "왜 또 거기로 갔어?" 물었을 때 아이는 말했다. "어차피 다른 데 가도 엄마가 찾을 것 같아서요." 그 말을 듣고 한참을 말없이 아이를 바라보았다. 나는 두 아들의 곁에서 고민했다. 일하는 엄마, 늦깎이 학생으로 너무 많은 걸 해내려 했던 내가 과연 아이들에게는 어떤 엄마였을까. 그 순간 마음속에서 조용히 나에게 말을 했다. '이제는 모든 걸 잘하려 애쓰지 않기로 하자.'

아들에게 말했다. "엄마도 엄마가 처음이야. 너희들에게 어떻게 하는 게 최선인지 고민 중이야. 회사를 그만두고 너희에게만 집중하는 게 맞을까? 아니면 조금 더 지켜보는 게 맞을까?" 작은아들은 엄마가 집에 있으면 너무 좋다라고 했다. 그래 그럼 이제부터 엄마는 집에만 있겠다고 했다.

사실 나는 일주일 휴가를 냈다. 아들들에게는 회사를 그만뒀다고 말했다. 작은아이는 설마 하면서도 집에만 있는 나를 보며 어쩔 줄 몰라 했다. 나중에 알게 된 사실이지만 작은아이가 회사에 전화를 걸어 "우리 엄마 정말 그만둔 거 맞아요?"라고 물었다고 한다. 직원이 휴가 중이라 하니 "그러면 절대 제가 전화했다고 말하지 말아 주세요." 했다고 한다. 작은 아이는 아직도 내가 그 사실을 모르는 줄 알고 있다.

그때 정말 고민이 많았다. 어떤 선택이 옳은지 고민했지만 정답은 없었다. 어릴 때부터 많은 것을 경험하게 하는 게 중요하다고 생각했다. 그래서 방학이면 여러 캠프에 참가하게 했고 해외 자유여행도 함께 했다. 그런데 인제 와서 공부하라고 하는 것도 맞지 않는다는 생각이 들었다. 책을 많이 읽는 부모의 모습을 보여주고 싶어서 책을 늘 옆에 두었지만 아이들은 "책은 엄마가 보는 것"이라고 했다. 서울의 대학에 갔으면 하는 마음에 서울의 주요 대학을 견학하기도 했다. 하지만 아들은 "서울에는 예쁜 누나들이 많네"라는 말뿐이었다. 마음을 접고 그냥 지켜보기로 했다. 아이들은 고맙게도 자기의 길을 잘 찾아가 주었다. 작은아이는 건축학을 전공하여 서울에서 일하고 있고 큰아이는 금융회사에서 마케팅 업무를 하고 있다. 2년 전, 큰아이는 결혼했고 얼마 전 '아빠'가 되었다. 이제 우리 가족은 아침이면 단톡방에 '좋은 아침'을 나누며 하루를 시작한다. 말이 없던 큰아이는 요즘 매일 손녀의 사진을 올려주고 작은 웃음과 함께 사소한 일상을 나눈다. 다정했던 작은아이는 어릴 적 "엄마랑만 살 거야!"라고 했지만 요즘은 "엄마, 우리 집 올 땐 미리 말하고 와야 해"라고 말한다. 나 참…. 웃음이 나오다가도 그 말마저도 사랑스럽다. 아이들은 자라고 나는 그 자리에 머문다. 아들은 엄마에게 영원한 짝사랑이다.

    지난해 건강검진에서 재검 진단을 받았다. 가족들은 걱정이 컸고 결국 서울 대학병원에 예약했다. 지역에서 검진을 받아도 되는데 큰 병원에서 진료받아야 나중에 후회하지 않는다는 남편의 의견이었다. 남편과 같이 가기로 하였으나 일이 생겨 혼자 가기로 했다. 작은아이가 휴가를 내고 함께 가겠다고 했다. 그런 정도가 아니라고 휴가 취소하라고 해도 자기 의견을 굽히지 않는다. 병원에 근무했지만 병원에서 긴장하는 나를 보며 작은아이가 손을 꼭 잡고 말했다. "엄마, 걱정하지 마요. 아무것도 아니에요." 어느새 아이가 많이 컸다. 결국 대학병원에서는 의료파업 등으로 지방의 병원에서 몇 개월마다 정기 검진하는 것으로 결론이 났다. 아이는 이상이 없다고 하는 데도 간호사에게 계속 묻는다. "저, 우리 엄마,

암 같은 거 아니죠?" 한다. 나 앞에서는 담담했지만 혼자서 많이 걱정하고 있었나 보다. 그런 아이를 보니 내 마음이 너무 아팠다.

 나는 아이들에게 큰 선물을 주지는 못했지만 앞으로 해야 할 일은 분명했다. 아이들이 엄마 걱정을 하지 않도록 건강하고 즐겁게 살아가는 것. 그렇기에 앞으로도 열심히 길을 걷고 산을 오르고, 하고 싶은 것을 하며 살아가려 한다. 사랑하는 아들들, 엄마도 엄마가 처음이어서 많이 미숙하고 서툴렀어. 미안해. 사랑하는 너희를 위해 최선을 다해 노력해왔다는 건… 알고 있지? 엄마 아들이라서 행복하고 자랑스럽다고 했던 말, 절대 잊지 마! 사랑해!

3-2.
네 번의 기적

김연희

처음이라 몰라서 배가 조금 아플 때 바로 병원에 갔다. 움직이지 말고 반듯하게 누워 있어야 한다고 했다. 오후부터 그 자세로 밤까지 산고를 겪었다. 통증이 심할 때마다 소리를 질러 얼굴 실핏줄이 다 터졌다. 꼭두새벽에 첫째 딸이 태어났다. 하루가 다르게 예뻐지는 아기를 보면 볼수록 내가 낳았다니 놀라웠다. 쌍꺼풀진 큰 눈에 오뚝한 코, 반짝이는 눈동자, 장밋빛 볼까지 품에 안긴 아기는 천사 같았다. 아이 낳고 처음으로 진정한 사랑에 빠졌다. 내 뜻대로 자지도 먹지도 못했지만, 전혀 문제 되지 않았다. 그렇게 큰딸, 작은딸, 아들, 막내딸이 태어났다. 막내딸 출산할 때는 저녁 준비해 놓고 느지막하게 가방 챙겨 자가운전하고 갔다. 병실에 입원하자 바로 아기가 태어났다. 초등학교 때 보았던 영화 〈사운드 오브 뮤직〉을 보고 여섯 명 아이를 꿈꿨다. 하지만 현실은 달랐다. 육아는 생각보다 훨씬 힘들었고 네 명으로도 벅찼다. 시어머니는 신경통으로 팔 아프다고 하셨다. 친정어머니는 아버지의 식사와 목욕을 매번 챙겨야 해서 올 수 없었다. 아무도 도와줄 수 없었다.

나만 믿고 바라보는 아이들 눈빛이 힘내게 했다. 네 명 모두 돌까지 밤마다 한 시간 이상 안아서 재웠다. 아기가 안정감 있게 품에 착 안기는 그 감촉이 좋아서 허리 아픈 줄도 몰랐다. "어떻게 혼자서 네 명을 키웠냐"라는 말을 자주 듣는다. 서로 보고 배우며 숲이 되어 아이들은 자연스럽게 성장했다. 아이들 신앙 교육을 위해 성당 다녔다. 결혼 전에는 교회 다녔지만, 남편이 교회보다 성당에 다녔으면 좋겠다고 했다. 성당의 아름다운 건축과 미사, 하얀 미사포가 아름답게 보여 고민 없이 성당을 선택했다. 아이들과 남편도 세례받을 수 있도록 도왔다. 친정어머니와 친정아버지, 시어머니께도 전도했다. 시어머니는 지금도 꾸준히 성당 다니신다.

아이들에게 책 읽는 습관을 키우기 위해 어릴 때는 이동도서관을 이용했다. 막내가 걷기 시작할 때부터는 배낭 메고 도서관으로 책 빌리러 다녔다. 마음껏 낙서할 수 있도록 손이 닿는 벽에 전지를 여러 장 붙여 주었다. 실내 활동을 위해 장난감 대여하였다. 1주일마다 바꿔주는데 늘 새로운 놀이 경험할 수 있었다. 큰딸은 어릴 때부터 지금까지 책 읽기도 좋아하고 책 구매하는 것도 좋아한다. 작은딸은 직장 다니며 매월 책 한 권씩 구매해 읽는다. 아들은 군대 가서 책을 많이 읽었다. 큰딸은 동생들 취직 준비할 때 자소서 작성을 도와주기도 하였다. 막내딸은 자유로운 낙서가 경험

되었을까? 중학교 1학년 때 시각 디자이너로 진로를 결정했다.

때로는 지쳐 꼼짝도 못 하고 누워 있을 때도 있었다. 하지만 아이들이 배고프다고 울면 초인적인 힘으로 벌떡 일어나 아이들 먹이고 나도 먹었다. 아이들 키울 때는 마음 놓고 아플 시간조차 없었다. 네 아이는 번갈아 가며 끊임없이 질문했다. 그 질문에 일일이 답해 주었다. 그러다 결국 "엄마가 화장실에 있을 때는 질문하지 마"라고 했다. 화장실은 온전히 침묵 지킬 수 있는 유일한 나만의 공간이었다. 큰딸이 아이 키워보니 엄마의 그때가 이해된다고 했다.

겨울이면 병약한 큰딸이 먼저 감기를 앓기 시작했다. 나을 만하면 동생들이 번갈아 가며 감기 걸렸다. 삼십 대 중반 성당에서 신도회장님이 주말마다 수지침을 가르쳐 주셨다. 감기나 통증, 급체 등 가벼운 증상은 수지침으로 치료할 수 있었다. 배운 대로 바로 남편을 대상으로 연습할 수 있었다. 남편은 기꺼이 마루타가 되어 주었다. 수지뜸도 병행했다. 우리 가족은 배꼽 아래로 3~4㎝ 위치에 뜸으로 덴 자국이 하나씩 있다. 몇십 년 동안 계속해 지금까지도 온 가족에게 도움이 되고 있다.

산고 끝에 태어난 아기를 처음 내 품에 안았을 때, 어설프지만 분명하게 알아들을 수 있었던 "엄마" 소리, 비틀거리며 내디뎠던 첫 걸음, 입학과 졸업, 첫 취업까지. 네 명의 아이가 반복한 그 모든 '처음'은 언제나 벅찬 설렘과 감동을 안겨 주었다. 처음 고 삼이 되는 큰딸의 수능을 위해 가족이 낙산사 해돋이 소원 빌기 하러 갔다. 한 대의 자가용에 가족 여섯 명과 반려견 한 마리까지 꽉 들어찼다. 서로 붙어 앉으니 따뜻한 기운이 전해지는 다정함이 좋았다. 남편은 밤새워 운전했다. 덕분에 우리는 편히 잠든 채 동해에 도착했다.

큰딸은 나의 어린 시절처럼 몸이 약했다. 그 시절 아이들한테 유행하는 전염병은 죄다 앓았다. 일 년에 두 번씩 한약을 먹였다. 커서는 아주 건강했다. 어릴 때는 "엄마 난 동생들이 없었으면 좋겠어"라고 자주 말하곤 했다. 매년 새 학년이 되면 큰딸은 학급에서 반장 할 수 있지만, 동생들 때문에 엄마가 바쁘니 부반장 하겠다고 했다. 큰딸은 첫째라는 이유로 유치원에 가기 전부터 초등학교 때까지 매일 저녁 공부를 가르쳤다. 반면 아이들에게 옷 신발 가방 등 개인용품은 스스로 결정할 자유를 주었다. 내 어린 시절에는 아버지 혼자 고민하고 결정한 것을 그저 받아들여야 했다. 어머니를 비롯한 우리의 생각이나 의견은 전혀 반영되지 않았다. 그런 경험이 있었기에 아이들에게는 선택의 기회를 주겠다고 다짐했다.

매월 용돈 주었지만, 친척들이 준 용돈도 액수에 상관없이 직접 관리하게 했다. 평생 모으느라 제대로 쓰지도 못하는 것보다 자신 위해 잘 쓰기 바랐다. 큰딸은 대학에 가서 아르바이트 시작하더니 돈 관리하겠다며 책을 세 권 샀다고 보여주었다. 그 책을 참고로 돈 관리하기 시작했다. 나머지 아이들도 큰딸 도움받으며 자연스럽게 따라 했다. 학원 선택이나 문제집 선별, 고등학교 배정받기 위한 13개 학교 순서 정하기, 대학 진로 선택 등 아이들이 직접 고민하고 결정하게 했다. 어릴 때부터 스스로 선택하며 실패에서 좌

절을 배우고 성공 통해 자긍심 느끼길 바랐다.

　명상하면서 나는 큰딸에게 친정아버지만큼이나 엄격한 엄마였다는 걸 깨달았다. 그 순간부터 공부시키는 것을 멈췄다. 큰딸은 어느새 중학생이 되었다. 아이들에게 성적에 관해 묻지도 따지지도 않았다. 초등학교 다닐 때부터 학부모 모임에 가면 큰딸 성적이 우수해 다들 부러워했다. 괜히 우쭐한 마음이 들기도 했다. 작은딸은 언니보다 공부에 흥미 없었다. 덕분에 겸손을 배울 수 있었다. 그러던 작은딸이 고등학생이 되면서 "서울에 있는 4년제 대학에 갈 거야"라는 목표 세웠다. 늦은 밤까지 책 붙들고 공부했다. 한동안 성적이 오르지 않아 힘들어했다. 결국, 원하는 대학에 특차로 입학하는 기쁨을 누렸다.
　아이들이 고 삼이 되면 수능 백 일 전부터 절에 가서 108배와 기도했다. 기도해서 높은 점수가 나올 거라는 믿음보다 엄마니까 그렇게 해야 마음이 편했다. 막내딸이 고 삼이 되었을 때 내 나이는 오십 넘었다. 백 일 동안 했던 108배는 무리가 되었다. 무릎 통증 후유증으로 오 년 넘게 고생했다. 지인들은 네 명 모두 서울 안에 있는 대학에 합격했고 재수생도 없으니 엄마 기도 덕이라고도 하였다. 아이들 덕분에 기도, 108배, 명상, 사경 필사 등등 종교 생활 열심히 하게 되는 동기부여가 되었다.
　그 시절에는 대학생이 되면 1년간 어학연수 가는 것이 필수였다. 각자의 필요에 따라 나라가 달랐다. 큰딸은 영어 잘했기에 부족한 중국 어학연수 선택하였다. 중국에서 획득한 자격증과 복수 전공

중국어 학사로 회사에서 중국 담당하는 계기가 되었다. 작은딸은 일어는 잘했지만 부족한 영어를 위해 미국을 택했다. 토익 점수가 높아져 무역회사 해외영업부에 입사하는 데 도움이 되었다. 아들은 좋아하는 영국 축구팀 경기를 현장에서 볼 수 있었던 기회와 유럽 여러 나라 여행이 추억으로 남았다. 막내딸은 치안이 좋고 친환경적인 이유로 캐나다를 선택했다. 해외 살아보니 집이 최고라며 직장도 집과 가깝다.

매년 여름방학이 되면 가족은 해외여행 떠났다. 남편 휴가는 여름 3박 4일뿐이었다. 가까운 일본을 시작해 동남아로 다녔다. 고삼이 되는 아이는 수능 준비, 아들 군대 있을 때, 해외 어학연수 중일 때는 빠졌다. 그 외에는 매년 함께했다. 아들은 여행경비를 충당하기 위해 어학연수 가서도 아르바이트했다. 결혼해서도 여행 즐기는 삶을 살고 있다.

남편은 아이들에게 안정된 삶과 좋은 교육 제공하기 위해 최선 다해 여한이 없다고 했다. 네 남매가 나를 엄마로 선택하여 태어나 준 것. 큰 탈 없이 잘 자라준 것. 내 인생의 기적 같은 선물이다. 각자의 성향에 따라 삶의 여정이 다르다. 네 명의 자녀는 경제적 독립과 건강하고 평온한 삶 살아가니 그저 고마울 뿐이다.

3-3.
아직도 볼 수 없는 내 딸 영아

김정갑

무심한 세월은 흘러 일곱 번의 겨울이 지나고 여덟 번째의 봄이 찾아왔다. 시도 때도 없이 피고 지는 발코니의 영산홍. '추석에는 올 거야 손주들 데리고 엄마! 할머니 계단을 타고 울릴 거야' 생각뿐이다. 허허롭고 속이 비어 있는 빈 둥지다.

김장 때는 제일 먼저 김치통 담아 '내 딸 꺼' 포스트잇 써 붙여 놓는다. 명절에 영아가 좋아하는 고사리 도라지 콩나물 쇠고기 곱게 갈아 참기름 넣어 다글다글 볶는다. 가지 시금치나물 참기름과 깨소금 넣어 무치고 숙주나물 참기름 넣으면 미끌미끌하여 소금과 깨소금만 듬뿍 넣어 조물조물 무친다. 고소한 내음이 퍼진다. 숙주나물 퍽퍽한 가슴살을 좋아하는 내 딸 많이 보고 싶다. 8년 전부터 딸아이는 세상과 단절하고 살고 있다. 어찌할 바를 모르겠다.

1970년 12월 2일 낮 12시. 하루를 꼬박 산통을 겪은 후 딸을 안았다. 남편은 출장 가고 없었다. 세상의 엄마들은 다 이렇게 진통을 겪으며 자식을 낳는다고 했다. 이를 앙다물면 시리고 빠질 수 있으니, 그러지 말라고 엄마가 몇 번이고 말했다. 얼마나 입술을 깨물었던지 시커먼 피멍이 들어 **띵 나발**이 되었다. 진통이 올 때마다 항문으로 힘이 들어갔다. 엄마 혼자서 수건을 굵게 말아 두 발을 뻗고 밀쳐 내느라 손목이 시큰거리고 진땀을 흘렸다고 했다. 출산 후에도 엄마가 곁에 있었다. 일회용 기저귀 꿈도 꾸지 않았다. 천 기저귀 삶아 대느라 연탄 아궁이 불 꺼질까 노심초사했다. 경북 예천은 강원도에 가까워 동장군의 기세가 대단했다. 코털이 쩍쩍 붙었다. 엄마 덕분에 산후조리도 아기를 돌보는 일도 잘 할 수 있었다.

스물셋 엄마가 된 나는 마냥 신기하고 가슴 벅찼다. 기뻤다. 조그만 입으로 하품하는 모습. 콧물이 조르르 흐르는 모습. 살아있는 인형 같았다. 아이가 태어나고 얼마 되지 않아서, 외할아버지께서 예천까지 먼 길을 오셨다. 첫마디가 "우째 아아가 이리 지영하노? 이름처럼 지영하네." "갓난애가 이렇게 예쁜 아이는 처음 봤다. 한 군데 비뚤어진 데가 없네."라고 하셨다. 자고 있던 딸아이를 가만히 들여다보더니 "콧구멍이 이래 작아 숨은 쉬겠나?" 손가락으로 코밑에 대며 확인하시던 외할아버지, 금방이라도 오실 것 같다.

56년이 지난 지금도 갓난아기 때 입었던 배넷저고리, 바람막이, 손수 뜨개질한 것도 간직하고 있다. 영아 아래로 아들 둘이 더 있지만 딸이 언제나 우선이다. 아이들이 자라는 남편은 아이들과 함께하지 못했다. 남편은 20년 동안 한 번도 아이들과 소풍 한 번 못 갔다. 경찰이라는 직업 특성상 맨날 비상이었다. 출장도 잦았다. 남편의 빈자리에는 딸이 있었다. 우리는 친구처럼 서로 잘 통했다. 영아는 재미있게 말도 잘했다. 인정이 많고 속도 깊었다. 말벗이었고, 든든한 지원군이었다. 나를 도와 동생들도 보살폈다.

초등학교 1학년 때 오른팔이 부러져 깁스한 적 있었다. 눈물 뚝뚝 흘리며 왼손으로 연필 쥐고 필기하던 내 새끼의 모습 눈에 선하다. 교동시장에서 장사하고 있을 때, 나무로 만든 돈통 위에 공책을 펼쳐놓고 나랑 공부하곤 했었다. 가게 문 늦게 닫고 집에 들어오면 이불 펴고 옆으로 두 동생 손을 꼭 잡고 잠든 모습에 미안하고 고마웠다. 어릴 적부터 그렇게 엄마를 위하던 딸이었다.

셋방살이 힘든 시기여도 너희들 동화책은 아끼지 않고 샀다. 남편은 교과서만 보면 되지 돈을 주고 책을 사냐고 나무랐다. 이럴 때도 딸은 내 편이었다. 속상한 일 있을 때마다 나를 위로하고 손잡아 주었다.

그런 내 딸 너무 보고 싶다. 그렇게 명랑하고 소통이 잘 되던 내 딸이 말문을 닫고 세상을 피하고 있으니 사는 낙이 없다. 햇볕을 등지고 은둔생활을 하는 것이 믿기지 않는다. 가슴이 미어지고 답답하다. 손가락 발가락 사혈침으로 딴다.

딸은 내가 살아가는 이유였다. 깡촌 출신의 고집불통의 남편과 선보고 일주일 만에 결혼했다. 성장환경도 달라 말이 잘 통하지는 않았다. 그냥 서너 마디만 하고 살아왔다. '식사하세요. 수고했어요.' 이 말만 해도 아무런 지장 없다.

이런 나에게 딸은 내가 살아가야 할 이유였다. 반세기 넘게 살아온 세월 동안 자식에 대한 책임과 의무를 다하기 위해 살아왔다. 딸이 아니었다면 벌써 무너졌을 거다. 남편과의 결혼 생활은 녹록지 않았다, 대화가 되지 않아 답답했다. 딸을 데리고 떠날까 하는 생각도 했었다. 그런 생각이 들 때마다 방긋방긋 웃는 내 딸이 곁에 있었으므로 마음을 다잡고 견뎌냈다.

팔순을 바라보는 나이다. 앞으로 얼마의 시간이 주어질지 모른다. 이제나저제나 기다리는 에미 마음 딸도 알고 있을 거라고 생각한다. 딸이 보고싶어 찾아간 날 대문 앞에서만 서 있다가 돌아와야 했다. 그날의 충격으로 성한 이가 흔들렸다. 잇몸이 욱신거리고 통증이 심해 근처 치과에 가서 바로 이를 뽑아야 했다. 이틀이나 더 딸이 있는 분당에 머물렀다. 결국 딸 얼굴은 보지 못하고 내려와야 했다. 자식에게 홀대받았다는 생각에 두 번 다시 가고 싶지 않았다.

세월 지나니 그리움만 쌓인다. 그날부터 8년의 세월을 혹시나 하는 마음으로 기다리고 있다. '내 딸이 나를 찾아오지 않을까?', '다시 찾아가지 않는 나를 원망하고 있지 않을까?' 무심한 세월이 야속하기만 하다.

명절이라고 사위 혼자 다녀갈 때면 마음이 더 아프고 무겁다. 지난 설에 와서는 용돈까지 주고 갔다. 미안한 마음이 있으면서도 원망도 했다. 내 딸 주려고 김장김치며, 나물이며 여러 반찬을 챙겨 보냈다. 내가 지금 딸을 위해 할 수 있는 유일한 일이다.

나를 밀어내는 딸이 내가 챙겨주는 음식을 먹었는지 버렸는지 알 수도 없다. 그냥 사위 돌아가는 길 두 손에 들려 보낸다. 가장 애달픈 것은 내 딸을 위해 아무것도 할 수 없다는 것이다. 진짜 엄마가 맞나 자괴감이 들지만 그 무엇도 해줄 수 없다는 것이 더 기가 막힌다.

아직은 걸어 다닐 수 있는데 이렇게 찾아가지 않는 것은 문전박대당할까 하는 두려움 때문은 아닐까? 방관하고 살아가는 이기적인 내 모습이 진짜 엄마 모습이 맞나? 의구심이 생긴다. 오지 말라고 문전박대 엉거주춤 멈추고 있는 것이 최선일까?

한 뜸 한 뜸 몇 달을 밤잠 설치며 수놓은 십자수 성모님 상 아른거리는 실로 성모님 상을 완성한 내 딸의 손길이 따뜻하게 느껴진다. 완성된 성모상 작품은 대표실에 걸어놓고 너의 숨결을 듣는다. 액자 뒤편 긴 편지도 적어 놨다. 언제 전할 수 있을지 알 수 없는 시간. 그저 멍해진다. 무슨 방법이 있을까?

내 딸의 맥박 소리가 마음으로 파고든다. '엄마 기다리고 있어요.' 살아있다는 내 딸의 심장박동 펄떡인다. 보이지 않는 가슴의 응어리만 쌓인다. 한 발짝 내딛지 못하는 바보 엄마 같다.

보고 싶은 내 딸 내 새끼 영아야! 어떻게 할까? 용기가 나지 않는다. 이대로 눈감으면 어쩌나? 무섭다.

3장 엄마를 선택해 줘서 고마워

하루에도 열두 번씩 기차에 오르내린다. 베란다에서 바라보이는 용두산 아래로 경부선 수십 대 지나간다. 내 마음 수십 번 기차 속으로 올랐다 내렸다 간절한 마음을 실어 보낸다. 영아야 어떡하냐?

우리 딸 건강했으면 좋겠다. 오가는 길 깊이 녹 슬었다. 앙금만 쌓여 곪았다. 꿈에라도 보고 싶은 우리 딸 그러나 더 늦기 전 용기를 가지고 내 딸 만나러 간다. 엄마니까, 엄마니까 너를 만나러 간다.

'글쓰는사람들' 등록하고 매일 글쓰는 챌린지를 하고 있다. 이번 챌린지 주제는 '편지글 쓰기'다. 딸이 먼저 떠올랐다. 딸에게 수십 번 편지 쓰다 지우고 또 쓰다 찢고 '아직도 보내지 못하는 엄마의 편지' 21일간 쓴 편지글 모아 전자책으로 출간하려고 퇴고하고 있다. 종이책으로도 한 권으로도 묶고 싶다. 직접 대면할 수 없는 나약함 용기를 내어 한걸음 내딛는다. 사랑해 우리 딸

3-4.
엄마도 가고 아빠도 가고

김정숙

1993년 내 인생의 물줄기가 새로운 강물처럼 방향을 틀었다. 결혼과 거창 신원초등학교 첫 발령 받았으며 큰아이가 태어났다. 그로부터 두 해쯤 지나 아이 키우기 위해 친정으로 이사했다. 결혼을 반대했던 엄마는 아이까지 안고 친정으로 돌아오는 딸을 쉽게 받아들일 수 있는 상황이 아니었을 것이다. 하지만 어쩔 수 없었다. 남편은 직장을 포기하라고 권했지만 일을 쉽게 내려놓을 수 없었다. 결국 일을 선택했고 아이 돌봄은 친정 할머니가 맡아 주었다. 그 무렵 남편은 마산으로 발령이 났다. 아이들과 친정에서 지내며 주말이면 잠깐 만났다가 헤어지는 가족이 되었다.

큰아이가 여섯 살 작은아이가 세 살 되었을 무렵 남편 따라 마산으로 발령이 났다. 큰아이만 데리고 마산으로 이사했다. 짐을 싸던 날 작은아이는 외갓집 큰방에 조용히 돌아누워 작은 소리로 울먹였다. "엄마도 가고, 아빠도 가고, 텔레비도 가고, 냉장고도 가는데, 나는 못 가네." 들릴 듯 말 듯한 작은 아이의 말은 방 안 가득 슬픔을 채웠다. 침묵은 순식간에 눈물로 번졌다. 함께 있던 동네 할머니들까지 눈시울을 붉히며 한바탕 울음바다가 되었다. 그 일은 오랫동안 마음 짠한 일로 남아 있다. 아이가 성인이 되어 어릴 적 이사하던 날 얘기를 했다. 뜻밖에도 눈물을 글썽거렸다. 세월이 많이 지나서 괜찮은 줄 알았다. 그때 어린아이 마음에 상처가 얼마나 깊었으면 눈물을 흘릴 정도라니. 오랫동안 흔적으로 남아 있는 아이 마음을 제대로 읽지 못했고 품어주지 못했다는 걸 알았다. 저절로 치유되는 건 없는 거 같다. 그 작고 어린아이 마음을 어루만져주지 못해 부끄럽고 미안했다. 늦었지만 함께 데려오지 못했던 미안한 마음을 전했다.

세월이 흐르면서 두 아이는 서로 다른 빛깔로 자라났다. 작은아이는 작은 것 하나도 소중히 여겼다. 생일 선물로 받은 크레파스 한 통도 아껴가며 오래도록 사용했고 사소한 일에도 고마워할 줄 아는 아이였다. 반면 큰아이는 원하는 것을 얻는 게 당연하다고 여겼다. 그 차이는 시간이 지날수록 더욱 뚜렷해졌다. 큰아이는 의사가 되겠다고 했고 작은아이는 간호사를 꿈꿨다. 큰아이는 자신의 꿈을 향해 고집스럽게 나아갔고 삼수 끝에 결국 자신이 원하던 길을 가고 있다. 재수도 삼수도 절대 하지 않겠다던 작은아이는 묵묵히 한 번에 길을 찾아 대학병원에서 일하고 있다. 큰아이는 정이 많으면서도 까칠한 면이 있었고 작은아이는 다정하고 배려심 많고 마음이 넓었다.

한번은 세 가족이 백화점에 갔다. 큰아이가 옷을 고를 때 작은아이는 언니가 고르는 옷만 바라볼 뿐 자기 옷에 관심을 두지 않았다. 그래서 입어보자고 했다. 작은 아이는 "어차피 언니 옷이 내 옷 될 건데 뭐" 툭 내뱉은 말이었다. 순간 멈칫했다. 기특하고 의젓하면서도 마음 한쪽이 무거웠다. 그렇게 말하는 건 단순한 순응이 아니라 작은 체념이었을지도 모른다. 그날 이후 절약도 중요하지만 눈치껏 나누는 배려가 필요하다는 걸 새삼 배웠다.

큰아이가 대학 졸업하고 잠시 집에 머물 때였다. 오랜만에 속 깊은 대화를 나누던 중 딸아이가 물었다. 예전에 약국 앞 채소 팔던 할머니 기억나느냐며. 그 할머니가 자기더러 똑똑하고 예쁘다 칭찬했던 이야기였다. 채소 할머니가 배고플까 봐 우유를 사 드렸는데 차가울 거 같아 전자레인지에 데워서 주었다 했다. 아이의 따뜻한 마음에 가슴 뭉클했다. 어렸을 당시 혼날까 봐 얘기 못 했다고 했다. 순간 말을 잇지 못했다. 어린 시절 작고 여린 마음 하나하나에 얼마나 깊은 정이 스며 있었던가. 마음을 쏟을 줄 알았던 딸아이 마음이 참 예뻤다. 아이들과 함께한 시간은 소란스러우면서도 사랑으로 가득했다. 작은아이는 외할아버지가 사 준 두발자전거 타는 법을 경비 아저씨에게 배웠다. 퇴근 무렵이면 아파트 마당에서 자전거 타는 모습 뽐내며 놀았다. "아이고, 힘들어서 못 놀아 주겠네~" 하며 경비 아저씨 흉내 내던 모습이 눈에 선하다. 아이 잃어버렸다고 울면서 아파트 골목을 찾아 헤매던 날도 있었다. 늦은 밤 동네 마트 아주머니가 온돌 의자 위에 아이를 조용히 재워주던 장면은 지금도 생생하다.

 어린이집 쉬는 날, 남편은 큰아이를 어린이집 앞에 내려 주고 출근했다. 아이는 작은 손으로 주변 빵집 문을 두드리며 아빠 회사로 전화를 부탁했다. 직장 내 방송에서 큰아이 이름이 들리고 아빠를 찾는 소리가 들렸다. 그렇게 천만다행히도 아이를 찾아 돌아왔던 모습. 세상이 무너질 것 같던 그 순간도 지금은 웃으며 떠올릴 수 있는 기억이 되었다. 작은아이는 유치원 앞에서 내릴 때마다 "고맙데이~"하고 할머니 말투로 인사하곤 했다. 그 인사말이 귀엽고 정겨워 지금도 귓가에 맴돈다. 회식으로 늦게 돌아오는 날이면 두 아이는 소파 옆 책더미 속에 파묻혀 책 읽다 잠들어 있었다. 책을 정리하던 날 책이 우리를 떠났다며 대성통곡하던 모습. 책은 딸들에게 엄마 아빠 없을 때 무서움과 두려움을 달래주던 친구였던 것이다.

 아이들과 떨어져 있어야 했던 시간도 있었다. 큰아이가 초등학교 2학년 때 나는 서울 원자력병원에 입원하는 일이 있었다. 입원하기 전 아이에게 세탁기 돌리는 법, 밥 짓는 법, 빨래 개는 법 등을 알려주었다. 엄마 아빠 찾으면 출장 갔다고 하라고 당부했다. 아이들에게 짧지 않은 일주일이었을 것이다. 덩그러니 아이들만 집에 남겨두었으니 무서웠을 것이다. 큰아이는 언니라는 책임감에 마음도 무거웠을 것이다. 엄마 아빠가 돌아올 때까지 씩씩하게 일상을 견뎌낸 아이들이 대견스럽고 자랑스러웠다. 그 무렵부터 아이들은 기침 소리 하나에도 민감해졌다. 엄마 괜찮으냐며 병원 가야 하는 거 아니냐며 호들갑스럽다. 그런 아이들 다그침 속에 사랑을 배웠다. 엄마는 건강해야 할 책임이 있다는 것도 알았다. 아이들 덕분에 조금씩 더 건강한 사람이 되어가고 있다. 지금 두 아이는 서로 다른 빛깔로 단단하게 자기 삶을 살아가고 있다. 때로는 넘어지기도 하고 때로는 빛나는 성취를 이루기도 하면서 말이다. 어설프고 서투른 엄마이지만 딸들은 스스로 빛나며 잘 자라주었다. 더없이 자랑스러운 딸들로.

채소 할머니에게 우유를 데워다 주던 큰아이 그리고 "나는 못 가네" 하며 외갓집에 홀로 남겨졌던 작은아이. 그 아이들이 지금은 세상 어디서든 당당하고 어엿한 사회인으로 꿈을 이루며 나아가고 있다. 내 부족함 때문에 힘들었을 지난 시간. 눈물과 기다림이 아이들에게 단단한 뿌리가 되었음을 믿는다. 소중한 딸들이 있어 오늘도 미소 짓는다. 내 딸들로 와 주어 고맙다. 딸들에게 말하고 싶다. 사랑한다. 고맙다. 참 잘 자라줘서.

3-5.
자녀들과 엄마는 멘티와 멘토다

문현순

엄마로서 33년 전의 나를 만나본다. 멋진 엄마가 되고 싶었다. 임신으로 직장을 그만뒀다. 당시 녹취사무실 속기사였다. 송사 당사자끼리 싸우거나 감정이 격해졌을 때 한 말들을 녹음기에 저장해오며, 듣고 녹취 문서로 만드는 작업이었다. 일상에서 사용되는 거친 욕을 들어야만 할 수 있는 일이었다. 태교를 위해 1년 6개월간 했던 일을 그만뒀다. 책 읽고, 노래하고, 춤추고, 좋은 생각하려 했다. 10개월 만에 자연분만으로 큰아이를 출산했다. 속눈썹이 긴 큰 눈과 보조개가 깊은 웃는 인상이었다. 신기했고 잘 키워보자는 각오를 다졌다. 하지만 23살 엄마의 역할은 쉽지 않았다. 낮에는 잘 노는데 밤만 되면 울었다. 자지 않고 안아달라 업어달라 보챘다. 하루에 4~5번을 이유 없이 토할 때도 많았다. 병원에서도 이유를 모르겠단다. 체 내리면 울음이 멈춘다는 말을 듣고 시골이든 산

골이든 도시든 체 잘 내리는 집을 찾아다녀도 소용없었다. 흙 밟고 다니면 안 운다는 친정엄마 말도 소용없었다. 6살까지 참 많이도 울었다. 그래도 잘 자라준 아이가 초등학교에 입학했다. 입학식 날 아이의 손을 잡고 학교에 갔다. 운동장에 세워놓고 당부했다. "저기 앞에 계시는 담임 선생님 잘 따라다녀, 끝나면 엄마와 집까지 왔다 갔다 했던 거 기억해서 집에 가" 하고 회사로 출근했다. 노래도 잘 따라 부르고 말을 잘 듣는 아이였다. 그런 아이에게 해서는 안 될 일을 저질렀다.

또 때리려다 고개 들어 본 거울 속에는 일그러지고 핏대 선 내 모습이 있었다. 악마 같았다. 중학교 1학년 여름방학 때다. 그날따라 유독 더 웠다. 속옷 회사 주부 사원이었다. 토요일 근무하고 2시에 퇴근했다. 딸은 외할머니 집에 가서 혼자 있는 아들을 기쁘게 해주고 싶었다. 아이가 좋아하는 아이스크림을 샀다. 도보 40분 거리를 달리다시피 걸어갔다. 집에 가는 길 통화에서 밥을 먹었다고 했다. 집에 와보니 아이는 팬티만 입고 분홍색 보자기를 목에 두르고 있었다. 당구 큐를 마이크 삼아 노래 부르고 있었다. 상 위에는 아침에 차려놓고 간 음식들이 그대로다. 순간 화가 치밀었다. 화장실로 아이를 데려가 당구 큐로 엉덩이를 때렸다. 거짓말했다는 이유로. 아이는 울면서도 매를 피하지 않고 서너 대를 맞았다.

또 때리려다 고개 들어 본 거울 속에서 일그러지고 핏대 선 내 모습이다. 악마로 보였다. 아이를 죽일 수도 있겠다는 생각이 들자 무서웠다. 아이에게 씻으라 하고 밖으로 나왔다. 처음 매를 든 나는 화를 이기지 못한 내가 미워서 눈물이 흘렀다. 10여 분 만에 씻고 나온 아들은 특유의 해맑은 얼굴로 묻는다 "엄마 아이스크림 먹어도 돼요?"라며 씩 웃는다. 아이스크림을 먹는 아이를 등지고 소리 없이 울었다. 처음이자 마지막으로 매를 들었던 그 일을 대학생이 된 아들에게 기억나냐고 물었다. 아이스크림이 너무 맛있었던 기억이 남아있단다. 모든 게 서툴고 무엇이든 시행착오를 겪어내던 엄마였다고. 엄마는 너를 키우며 성장할 수 있었다. 격한 감정을 추스르는 법도 배울 수 있었다고 아들에게 말했다.

두 살 때 가와사키병에 걸렸던 딸. 100명 중 1명만 살 수 있는 희귀질환이었다. 대학병원에 입원하여 8일 만에 잠을 재운 후 받은 진단이었다. 20살까지만 무사히 살아 내야 완치판정을 받을 수 있는 병이었다. 정기적인 검진과 관리로 경과를 지켜보기로 했다. 오빠와 달리 속내를 잘 표현하지 않으며 아픔을 참는 성격이다. 아빠가 책을 읽어주면 좋아했다. 자기 전에 7~8권씩 머리맡에 두고 아빠를 기다렸다. 세 살 때부터 단어장을 만들어 공부시킨 아들과는 달리 딸은 마냥 놀게 놔뒀다. 글씨를 모른 채 유치원에 입학했다. 유치원 입학 3개월 만에 한글을 터득했다. 발레, 하모니카, 피아노, 태권도 등 하고 싶다는 것은 다 배우도록 해줬다. 하기 싫다고 하면 바로 그만두게 했다. 공부학원은 보내지 않았다. 책 읽는 것을 좋아한 딸은 학업상과 독서상을 받아오고, 임원 활동으로 학교생활에 적응을 잘했다. 상위권 성적으로 중학교 졸업하고 인문계 여자고등학교에 입학했다. 고등학교 2학년 대학 입시를 위해 야간 자율학습이 필수였다.

학교 성적이 점점 떨어지고 있었다. 작곡 공부를 하고 싶다고 했다. 왜 갑자기 작곡 공부냐고 물었다. 친구 따라 간 작곡 학원에서 재능 있으니 배워볼 것을 권했단다. 또 공부하는 목적이 없으니 성적이 떨어진다고도 했다. 작곡 공부를 하면 성적도 올리겠다고 약속했다. 6개월 동안 학원 다녀보라고 승낙했다. 약속했다. 성적도 올리고 작곡 공부도 계속하고 싶으면 적극 지원하기로 하고 학원에 등록했다. 야간 자율학습 시간을 이용해야 하므로 담임 선생님과 면담했다. 선생님께서는 계모 아니냐며 작곡 공부하기에는 너무 늦었다고 "다시 생각해 보라"라고 했다. ○○가 철없이 하는 얘기에 엄마가 동조하지 말라고 만류했다. 나는 딸의 진로 결정을 존중한다고 선생님을 설득하였다. 학원 다니면서 성적 유지하도록 신경 쓰겠다고 약속하였다. 성실하게 학원 다니면서 성적도 올리고 무엇보다 딸이 즐거워했다. 5개월째 학원비를 주면서 "딸~ 지금도 재밌어, 계속하고 싶어?" 물으니 어렵단다. 처음보다 재미없다고 했다. 그래도 약속한 6개월까지 다니고 결정하고 싶다고 했다. 작곡이 아닌 일반 대학 진학으로 결정하여 수시 지원으로 대학에 입학했다. 국립대에서 전 학년 장학금을 받고 졸업했다. 석사학위 마칠 때까지 학교생활에만 전념했다. 졸업과 동시에 대학병원의 연구원으로 다니고 있다. 아르바이트 경험이 없어 직장생활을 잘 해낼 수 있을까에 대한 엄마의 염려는 기우였다.

예쁜 딸은 20살이 되었다. '가와사키' 희귀질환을 잘 이겨냈다. 대학 합격 후 딸과 둘이 3박 4일 제주도 여행을 다녀왔다. 먹어본 적 없는 음식들, 실탄 총쏘기 체험하며 즐거운 여행이었다. 어렸을 때부터 아파도 아프다는 소리를 잘하지 않고 참는 딸이다. 백일 무렵 14일 늦게 태어난 사촌 여동생이 딸 등을 물어 이빨 자국 8개가 선명하게 남았는데도 울지 않았던 딸이다. 그런 딸이 대학에서 장시간 실험 실습하고 오면 허리 아픔을 호소했다. 눈에 충혈도 자주 나타났다. 안과에 가면 쉬라고 했다. 정형외과 가서 물리치료 받으면 통증이 조금 누그러졌다고 했다.

어릴 때 아팠던 질환과 연관되었을지 걱정돼 정밀검사를 받았다. 3개월간 대학병원에서 추적 검진 결과 강직 척추염이라는 진단이었다. 평생 약을 먹고 정기적 검진으로 관리해야 한다. 자녀 출산에는 지장이 없다고 한다. 다만, 스트레스를 덜 받고 잘 관리하는 일상생활을 유지해야 한다고 의사는 강조했다. 이러한 딸이 선택한 세상살이 주문은 '그러려니'다.

석사 졸업 후 종합병원 핵의학과 연구 직무로 일한 지 4년 차다. 직장 선임의 이해 안 되는 일 처리도 '그러려니' 하고 받아들인단다. 직무에서도 모르면 물어보기보다 먼저 논문 등을 찾아보고 해결한단다. 나는 딸과 일상에서나 여행에서 자주 얘기한다. 아빠와의 관계에서, 사회생활에서, 시댁 문제에서, 이해 안 된다고 말한다. "엄마 그러려니 하세요." 그들을 무시해서가 아니라 그들 나름대로 이유가 있을 거라고 생각하란다. 논리적이고 매사 긍정적인 딸이다. 내가 키워서 성장한 아들과 딸, 그 자녀들이 이제는 엄마를 키우고 성장하도록 지원한다. 때로는 자녀들의 잔소리와 직언에 서운함도 있지만 받아들인다. 아들과 딸은 나에게 멘티이자 멘토로 뫼비우스의 띠처럼 연결되어 있다. 울고 웃으며 어른으로 엄마로 성장해간다. 죽을 때까지 함께 가는 동행자다. 아이들은 내가 살아온 이유다. 살아갈 명분이다. 내 묘비명에 "○○이와 ○○의 엄마로 살다 간 행복한 여인 잠들다"라고 쓰고 싶다.

3-6.
너희들이 있어 엄마는 참 행복해!

박은경

　남편은 동기들에 비해 결혼이 늦은 편이었다. 80년대에는 31살이면 그렇게 여겨지던 시절이었다. 우리는 은근히 허니문 베이비를 기대했다. 결혼하고 석 달 만에 임신했다. 남편이 그렇게 좋아하는 모습은 처음이었다. 입이 귀에 걸릴 정도였다.

　나는 만삭의 몸으로도 주말마다 서울로 다녔다. 추운 겨울엔 이사까지 해야 했다. 이사 후유증 탓인지 예정일보다 사흘 빨리 딸아이가 태어났다. 남편은 빨간 장미와 노란 장미 한 송이씩을 내밀었다. 다음엔 아들을 낳자고 무언의 기대를 드러냈다.

　딸은 몸무게 2.6킬로그램으로 태어났다. 3일 후 퇴원할 때 간호사는 "발육은 정상이지만 살이 없으니 잘 먹이세요"라고 말했다. 그 말에 나는 눈물이 핑 돌았다. 모든 게 다 내 탓인 것만 같았다.

　모유와 분유를 번갈아 먹이며 정성을 다했다. 일주일이 지나자

딸은 포동포동 살이 올라 정상 체중을 훌쩍 넘겼다. 겨울방학이라 삼칠일이 지나고 남편이 있는 서울 집으로 갔다. 남편은 매일 점심시간마다 집에 들러 딸을 보는 재미에 푹 빠졌다. 그렇게 두 달간 서울에서 지내다 대구로 내려왔다. 엄마는 모든 일을 접고 손녀를 맡아 키워주기로 했다. 덕분에 나는 육아에 대한 부담을 내려놓고 일에 집중할 수 있었다. 딸은 순한 아이라 주말마다 서울에 다녀와도 보채지 않아 수월했다. 남편도 딸바보가 되어 주말만 손꼽아 기다렸다. 유모차에 태워 한강에 자주 나갔다. 딸에 대한 사랑은 지금까지도 식을 줄 모른다. 남편은 여전히 지독한 딸바보 아빠다.

나는 학교 일에 몰두했다. 집안일과 육아는 전적으로 엄마가 맡았다. 1년 뒤 아들이 태어났다. 딸은 동생이 예쁘다며 연신 뽀뽀를 해댔다. 결국 감기가 옮아 생후 두 달 만에 아들은 모세기관지염으로 입원했다. 고열과 기침에 시달리던 아들은 우유를 분수처럼 토했다. 밤새 울며 보챘다. 링거대를 붙잡고 아이를 업은 채 병실 복도를 오가며 밤을 새운 날이 이어졌다. 백일 무렵 퇴원한 아들을 안고 삼신할머니께 건강만 달라 간절히 빌었다.

아들은 다섯 살까지 기관지염으로 고생했다. 성격도 예민했다. 퇴근 시간마다 현관 앞에 서서 기다렸다. 내가 올 때까지 잠들지 않았다. 엄마는 그런 손주가 안쓰러워 퇴근하자마자 집으로 오라고 당부했다.

두 살 터울의 아이들을 돌보는 일은 엄마에게도 큰 부담이었다. 결국 세 살 된 아들을 대전 시댁에 맡기기로 했다. 시부모님도 반겨주었다. 나는 딸과 함께 주말마다 시댁에 갔다. 아들은 나를 보자 매달렸다. 내가 챙긴 1주일치 학습지를 하루 만에 다 풀고 엄마 오라고 울었다. 딸도 "같이 가자"며 두 손을 모아 울먹이며 말했다. 아들은 1년 반 동안 시댁에서 지냈다. 지금도 그때를 떠올리면 마음이 미어진다. 지금까지 아들에게 미안하다,

남편의 해외 군사학교 교육으로 우리 가족은 포르투갈로 떠났다. 네 식구가 처음으로 함께 보내는 긴 시간이자 내 인생의 새로운 한 장이었다.

90년대 중반 포르투갈은 한국에 대한 정보가 거의 없는 나라였다. 주변엔 동양인도 드물고 한국인은 더더욱 귀했다. 낯선 땅과 언어 문화 속에서도 딸은 놀라울 만큼 잘 적응했다. 학교생활을 즐기며 영어 실력도 빠르게 늘었다. 도서관에서 책을 빌려 읽는 것이 일상이 되었다. 그 시절 딸에게 책과 친해지는 소중한 시간이었다. 아들은 처음엔 힘들어했다. 프리유치원 과정이 익숙하지 않았다. 낯선 환경에 종종 "할머니 보고 싶어"라며 울기도 했다. 하지만 시간이 흐르며 마음을 열고 언어보다 따뜻한 눈빛과 몸짓으로 친구들과 어울리기 시작했다. 그 낯선 시간을 이겨낸 경험은 훗날 새로운 환경 앞에서도 주저하지 않는 아이로 자라게 했다.

2018년 우리는 다시 포르투갈을 찾았다. 20년이 지나도 우리가 살았던 아파트와 동네는 그대로였다. 햇살도 나무도 바람도 그날의 기억을 품고 있었다. 그곳 카스카이스는 우리 가족에게 제2의 고향이다.

아들이 초등학교 3학년이 되자 키가 누나를 훌쩍 넘었다. 남매는 종종 티격태격했지만 정이 많고 서로를 잘 챙겼다. 딸이 전교 회장에 출마하자 아들은 목이 터져라 외치며 선거운동을 도왔다. 단 1표 차로 당선된 전교 회장은 아들의 힘도 컸을 것이다.

직장생활을 하며 아이 한 명만 키우는 친구들을 부러워했다. 하지만 남매가 함께 자라며 서로 의지하는 모습을 보며 큰 기쁨과 감사함을 느꼈다.

고등학생이 된 딸은 의대 진학을 목표로 열심히 공부했다. 주목받는 걸 부담스러워했다. 모의고사 성적에 대한 압박으로 자퇴를 고민하기도 했다. 우리는 밤을 새워 진심을 나누는 대화를 했다. 그제야 딸은 자신이 나를 '완벽을 요구하는 무서운 엄마'로 생각해 왔다고 털어놓았다. "엄마가 이렇게 따뜻한 사람인 줄 몰랐다"며 울음을 터트렸다. 나 역시 많은 걸 돌아보게 되었다.

딸과 아들이 바르게 자라 각자의 길을 잘 찾아갈 수 있었던 건 무엇보다 친정엄마의 사랑 덕분이었다. 사춘기 시절 외할머니의 넉넉한 품은 아이들에게 큰 힘이 되었다.

딸은 목표한 학과에 진학했고 아들도 같은 전공을 택했다. 지금 두 남매는 서로의 멘토이자 든든한 후원자로 함께 걸어가고 있다.

아들은 지난해 가을 결혼했다. 아들과 며느리는 같은 직업을 가졌다. 외모도 성향도 닮았다. 집밥을 좋아하고 함께 요리하며 여행을 즐기는 모습이 참 잘 어울린다. 무엇보다 며느리는 나와도 닮은 점이 많다. 차분하고 세심하다. 음식 하나에도 정성을 다하는 모습에서 내 젊은 시절이 떠오른다. '아들이 엄마를 좋아하면 엄마를 닮은 사람을 아내로 맞이한다'는 말이 떠올라 기분이 좋았다.

결혼 후 곧 아이를 가졌다. 지난 6월 말 나는 처음으로 할머니가 되었다. 작고 따뜻한 손자를 품에 안으면 하루의 피로가 눈 녹듯 사라진다. 아기의 얼굴에서 아들의 어릴 적 모습이 겹쳐 보여 모든 것이 신비롭다. 그저 건강하게 자라주기를 바랄 뿐이다.

며느리는 내가 해준 음식을 맛있게 먹는다. 입덧도 내가 만든 음식으로 잘 견뎠다고 했다. 내가 발목을 다쳐 깁스를 하자 임신 중인데도 직접 반찬을 해왔다. 닭도리탕, 멸치, 시래기 지짐, 취나물 무침, 오이무침까지 모두 내가 좋아하는 음식이었다. 유튜브로 배웠다는데 맛도 정성도 대견했다.

"어머니처럼 일과 육아 모두 잘하고 싶어요." 며느리의 그 말에 마음이 따뜻해졌다. 아들에게 좋은 반려자가 되어 준 며느리가 참 고맙다. 사랑스러운 손자를 안겨준 딸 같은 며느리가 더욱 사랑스럽다.

아이들이 태어난 뒤로 나는 편지를 꾸준히 써왔다. 새해 생일 입시 같은 특별한 날은 물론 마음이 움직일 때마다 펜을 들었다. 딸은 지금도 그 편지들을 '보물 1호'라 부르며 꺼내 읽는다. 그런 마음은 어머니에게서 배운 것이다. 돌아가시던 해에도 손주 생일마다 손편지를 남겼다.

소풍 날이면 도시락을 싸서 친구들과 나눌 수 있게 했다. 가족 생일상은 지금도 손수 차린다. 바쁜 직장생활 속에서도 엄마의 빈

자리를 조금이나마 채우고 싶었던 나만의 노력이었다.

　중학교 3학년 소풍 날 친구들이 "우리 엄마는 돈만 주는데…."라며 부러워했다는 말을 딸이 전해줬을 때 가슴이 따뜻해졌다. 딸은 지금도 말한다. "엄마는 늘 바빴지만 항상 내 곁에 있었어. 엄마처럼 살고 싶다는 생각 자주 해." 짧은 말이었지만 오래도록 가슴에 남았다.

　많은 시간을 함께하지는 못했지만 나의 정성과 사랑은 아이들 안에 스며 있었다. 이제 각자의 길을 성실히 걸어가는 딸 아들 며느리를 바라보며 속삭인다. 사랑한다. 너희들이 있어 엄마는 참 행복해.

3-7.
나는 큰 그릇이 될 거야

신미앵

큰딸은 늘 큰 그릇에 밥을 조금 먹는다. 어느 날 카카오톡 프로필 보니 큰 그릇 사진을 그려 놓고 '나는 큰 그릇이 될 거야!'라고 적어 놓았다. 그런 딸의 모습이 보기 좋았다. 마음의 크기를 그릇과 비교하는 재치도 귀여웠고, 마음 가꾸는 일이 무슨 일보다 으뜸이라고 여기는 딸의 태도도 좋다.

남 배려하는 마음이 많은 점도 큰딸의 장점이다. 본인이 원하는 대로 잘 걸어가길 바라는 마음이다. 아이들을 키우면서 직장생활과 병행해야 했다. 나의 젊은 시절은 시간 앞에서 늘 종종걸음을 했다. 그러나 큰딸은 차분하게 자기 일을 수행해 낸다. 운전도 언제나 정확하게 원칙을 지키며 한다. 주차장에 반듯하게 주차한 모습의 차량도 큰딸을 닮은 듯 보였다. 나도 모르게 미소가 지어진다. 아이들의 엄마로 살아온 날들 돌아본다. 물이 흐르듯 세월에 맡기며 여기까지 참 잘 왔다.

2개월간의 육아휴직 끝내고 딸이 나를 알아보려는 즈음, 아침 출근 시간은 눈물 전쟁 시간이었다. 떨어지지 않으려 나의 목을 꼭 끌어안는다. 나는 억지로 떼어 내어서 친정엄마의 팔에 안겨 드렸다. 목 놓아 우는 딸을 뒤에 두고 도망치듯 집을 나섰다. 직장에 출근해서도 우는 딸의 음성이 귀에 들리는 듯하다. 직장생활과 아이 돌보기란 쉽지 않아서 친정엄마께 도움 청했다. 친정 근처로 이사했다. 퇴근 후 딸을 데리고 와서 함께 잠자는 것이 그나마 위안이 되었다. 그러나 둘째 딸이 태어나면서 직장생활은 신중하게 결정해야 했다. 무엇보다 생기발랄하게 무럭무럭 자라는 딸들의 모습은 보기 좋았다. 반대로 육아로 지쳐 보이는 엄마 모습은 그렇지 못했다. 나는 과감하게 직장 그만두는 결단을 하였다. 딸들과 온종일 함께 생활하니 행복했다. 놀이터에서 그네 타며 놀아주기, 동화책 읽어주기, 한 명은 등에 업고 한 명은 손에 잡고 외출하며 세상 구경하기, 바닷가 근처를 지나며 배의 숫자를 세어 보기, 바다 너머의 세상 이야기 들려주기 등 어린 시절의 추억은 지금 다시 꺼내보아도 소중한 보물이다.

딸들이 유치원에 다닐 무렵 남편의 건강 이상으로 병원에 자주 다니면서 우리 가정엔 먹구름이 끼었다. 남편이 휴직하여 집에 있으니, 옆집에서 조심스레 사연을 물어왔다. 사연을 듣고 집에 우환이 있었는데도 딸들이 너무 밝고 예뻤다며 칭찬도 들었다. 딸들에겐 꼭 필요한 아빠의 존재를 꼭 지켜주고 싶다는 열망으로 남편을 간호했다. 비싼 병원비를 감당하기 힘들었다. 다시 직장을 알아보고 일을 나가야 했다. 딸들을 성당 주일학교에 보냈다. 언니와 동생이 항상 같이 다니도록 가르치고 성당 버스만 타라고 했다. 수녀님께서 매우 걱정하시며 이렇게 밝은 딸들을 엄마가 돌보아야 한다고 조언하셨다. 그러나 나는 직장 생활해야만 했던 일은 지금도 마음이 아프다. 함께 얘기 나눌 시간이 부족했던 엄마와 딸들은 식탁 위에 일기장 두고 하고 싶은 말을 서로 교환했다. 고사리 같은 손으로 써 내려간 일기를 지금 읽노라니 눈물이 방울져 흐른다. 나는 어릴 때 학교에서 돌아오면 엄마가 항상 집에 계셨다. 그 든든함을 우리 딸들은 알지 못하였을 거다. 식탁 위에 덩그러니 놓여있는 그 일기장을 엄마의 흔적이라 읽고 하고 싶은 말들을 적어 놓았다. 직장에서 늦게 퇴근하면 놀이터에서 너무 늦게 놀지 말고 일찍 오라고 당부했다. 집에 오니 딸들이 없었다. 얼굴이 새하얗게 되었다. 아파트 주변 놀이터에 달려갔다. 모래 속에서 열쇠를 잃어버리고 어두워지니 못 찾고 있었다. 당시에 아이들 유괴범 뉴스가 자주 나왔다. 열쇠를 목걸이로 걸고 있는 아이들이 유괴 대상이라고 한다. 이렇게 열쇠를 잘 분실하니 부모들이 목걸이로 만들어 주었다. 그 시절은 열쇠가 전부였다. 나는 아이들이 말을 안 들었다고 야단쳤다. 아이들은 지금도 그때 너무 무서웠다고 한다. 어두워진 것도 무서운데 엄마한테 혼이 나니 더 무서웠다고 한다. 딸들 마음의 상처는 어른들의 상처와는 다르다. 혼을 내고 아픈 마음으로 딸들을 부둥켜안았다.

이런 시절을 견디어 내며 공부도 상위권을 유지하며 잘하는 모습이 대견했다.

겨울철에 따뜻하게 입어라고 플리스 자켓을 엄마, 아빠 세트로 사준다. 유난히 추운 겨울, 난방비도 많이 올라서 실내에서 계속 입고 생활한다. 아이의 따뜻한 마음이 전달되어 입을 때마다 고맙다는 말을

전한다. 내가 불편을 느끼면 즉각 해결해 주려고 살피는 큰딸을 보면서 정말 마음이 큰 아이구나! 가르쳐 주지도 않았는데 언제 저런 마음을 가졌을까? 기특하기도 하고 내가 큰딸을 보며 배운다.

내일 새벽에 나갈 일이 있다. 나도 모르게 "내일 새벽 2시에 일어나야 해" 혼잣말처럼 했는데 큰딸이 듣고 말았다. 알람 설정하고 자리에 누웠는데도 잠은 쉽게 오지 않았다. 새벽 2시가 되니 큰딸이 나를 깨운다. 깨워 주고 제 방에 가서 자는 큰딸을 보며 코끝이 시큰해졌다.

일상생활에서 불편하다는 소리가 들리면 바로 해결한다. 요즘은 내 손길이 미치는 일보다 큰딸의 손길 닿는 일이 더 많은 실정이다.

남편이 병중에 있을 때 딸들에게 좋은 아빠와의 추억 만들기를 위해 자주 여행을 갔다.

우리나라 곳곳을 돌면서 여행했다. 온천 여행, 박물관 돌아보기, 7번 국도 따라 해안 길 드라이브, 가다가 쉴 만한 곳이면 어디에서든 자리를 펴고 식사하고, 휴식하며 얘기를 나누었던 일.

이런 일들의 영향이었는지 딸들은 여행의 준비에서 마지막까지 일정을 잘 짜서 불편함이 없이 여행의 좋은 기억을 선사한다. 이제는 딸들이 주체가 되어 진행하고 더 좋은 정보를 제공해 주고 함께 하는 체험들이 신선하다. 큰딸이 외국어를 잘하니 외국 여행도 자유여행으로 다녀올 수 있는 점이 좋았다. 작은딸은 요리 실력이 좋아서 가족을 위한 이벤트 요리를 잘한다. 엄마 아빠 생일상은 항상 손수 차려서 감사한 마음을 전해 준다. 어려서는 자기 용돈으로 살 수 있는 간식을 사서 나누어 주는 적이 많았던 아이다. 그 마음이 크니 손수 만든 요리로 대접하기를 좋아한다.

내게 딸들이 있어서 고맙다. 시부모님은 딸들이 태어날 때마다 서운한 감정을 드러내셨다. 그러나 요즘 딸을 둘이나 두어서 부럽다는 이웃들이 많다. 정말 그러하다. 딸들이 있어서 참 좋다.

요즘 글쓰기 공부하면서 '글쓰기와 여행을 정원희 선생님처럼 하면 좋겠다'라는 소망을 담아서 딸에게 말해보려 한다. 최근 매일 읽는 롱블랙 기사로 딸아이와 소통하는 재미가 있어서 이 또한 감사한 일이다. 시대의 흐름에 뒤처지지 않는 엄마가 되려면 계속 공부하면서 딸들과의 대화 채널을 넓혀 가야겠다. 요즘 한 가지 행복한 일이 늘었다. 큰딸과의 신앙 대화를 나눈다. 신부님의 강론을 듣고 함께 나눔도 한다. 큰딸 초등학교 시절 성체를 **영한** 후의 느낌을 쓴 글을 읽었다. 감동이었다. 딸들에게 신앙을 전해 준 일이 잘한 일이다. 함께 미사 참례하며 손을 꼭 잡아 보았다. 자그마한 손이지만, 큰마음을 지닌 것이 대견하고 고맙다. 지금까지 모든 일이

하느님의 보살핌이다.

우리 딸들 마음 그릇에 하느님의 지혜를 담을 수 있게 해주소서! 나는 새벽 우리 딸들을 위한 기도로 하루를 시작한다.

3-8.
엄마처럼 나이 들고 싶어

양정회

"엄마, 아파트 통장 하면 안 돼? 그러면 학교 안 가도 되는데."

딸이 일곱 살 때였다. 당시 딸의 친구 다혜의 엄마가 아파트 통장이었다. 친구가 늘 엄마하고 같이 있는 걸 보고 하는 말이었다. 이 말을 듣는 순간 눈물이 핑 돌았다. 같이 있어 주지 못해서 아이들은 엄마의 사랑에 늘 목말라했다. 퇴근해 집에 오면 졸졸 따라다니며 어린이집이나 학교에서 있었던 일을 쉴 새 없이 이야기했다. 그때마다 딸의 얘기를 귀담아들어 주지 못했다. 나 자신이 피곤한 것만 생각했다.

딸과 17개월 차 연년생으로 둘째가 태어났다. 아들이었다. 친정엄마가 제일 좋아했다. 종갓집 며느리인 내가 아들을 낳지 못할까 봐 걱정했다고 한다. 아이 둘 다 엄마의 고단함을 아는지 잠투정도 별로 하지 않았다. 잘 먹고 잘 자고 잘 놀았다. 주위 사람들은 기특하다고 했다.

두 아이 모두 백일 때까지 모유를 먹였다. 근무 시간에 젖이 불어나면 화장실에 가서 짜내야 했다. 그 당시에는 교사용 휴게실이 없었다. 퇴근할 때 늘 70번 시내버스를 탄다. 집에 돌아오는 길에 젖이 불어 양쪽 가슴의 겉옷이 젖을 때도 있었다. 놀라서 손으로 가슴을 가리기도 했다.

연년생인 두 아이는 서로 경쟁자이면서 친구였다. 뭐든 서로 먼저 하려고 하고 서로를 따라 했다. 현관에서 신발 정리하는 걸 제일 좋아했다. 내가 퇴근해 오면 장롱 이불을 다 끄집어내고 그 안에서 놀고 있다. 팬티만 입고 아빠 예비군 모자를 하나씩 나누어 쓰고 해맑게 웃고 있다. 너무 웃겨서 야단을 칠 수 없었다. 그 모습을 사진으로 남겼다.

가끔 딸 방에서 아이들 앨범과 일기장을 볼 때가 있다. 초등학교 4학년까지 쓴 일기장을 학년별로 여러 권을 묶어 두었다. '아, 그때 이런 일이 있었지.' 시간 가는 줄 모르고 추억에 잠기곤 한다. 지금보다 글씨체가 더 좋다. 또박또박 정자체로 썼다.

"재범아, 이거 먹어도 돼?"

딸이 세 살 때였다. 어느 봄날 딸기를 접시에 담아 간식으로 주었다. 딸은 동생에게 먹어도 되는지 먼저 물어보고 있었다. 그 말을 들었을 때 기가 막혀서 말이 안 나왔다. 남아선호사상이 강한 시어머니였다. 그동안 내가 출근하고 없을 때 큰애한테 차별했다고 생각하니 눈물이 났다. 울면서 시어머니한테 따졌다. 시어머니는 앞으로 그러지 않겠다고 했지만 계속 마음이 쓰였다.

여름방학이면 아이들을 데리고 남해 송정해수욕장으로 떠나는 것이 우리 가족의 루틴이었다. 텐트를 치고 준비해 간 김밥과 라면으로 점심을 먹고 저녁에는 고기를 구워 먹었다. 아이들은 들락날락, 나는 모래 털어 내기에 바빴다. 입술이 새파래지도록 물놀이에 빠져 있었다. 가끔 남편은 애들 어릴 때 사진을 보며 이때가 좋았다고 말한다. 맞다. 돌아보면 그 시기는 잠깐이었다. 봄날처럼 금세 지나간 소중한 시간이었다.

딸은 어릴 때부터 책 읽기를 좋아했다. 서점이나 도서관에 가면 책을 한 아름씩 안고 왔다. "이걸 다 읽을 수 있겠어?" 하고 묻는 내 말에 딸은 눈을 반짝이며 고개를 끄덕였다. 초등학교 2학년 때는 혼자서 시내버스를 타고 시립도서관에 다녔다. 처음에 두어 번 동생하고 같이 갔다. 나중에는 혼자 다니는 게 더 좋다고 했다. 도서관에서 빌려 온 책들을 책상 한쪽에 쌓아 놓고 밤늦게까지 읽었다. 책 그만 보고 자라고 하면 이불 속에서 몰래 보기도 했다. 책을 너무 많이 봐서인지 초등학교 3학년 때부터 안경을 썼다. 고등학생이 되어서도 책 읽기를 좋아했다. 영어 과외 선생님은 딸을 보고 '이 친구는 마치 스펀지처럼 언어를 빨아들인다'라고 했다.

대학 3학년을 마치고 딸은 1년간 미국으로 어학연수를 떠났다. 그 덕에 나도 큰 선물을 받았다. 딸이 연수를 마칠 무렵 뉴욕과 워싱턴을 구석구석 돌아다녔다. 뉴욕 지하철을 타고 브런치를 먹으러 가고. 날씨가 춥거나 눈이 많이 내리는 날은 박물관을 관람했다. 미국 자연사 박물관, 메트로폴리탄 박물관 등. 소호 거리에서 쇼핑도 하고 브루클린 브리지를 걸으며 맨해튼의 야경을 감상했다. 한인 타운에서 먹는 북창동 순두부는 나의 입맛을 살아나게 했다.

아들은 운동을 좋아하고 친구들이 많다. 책을 끼고 있던 딸과는 달랐다. 늘 바깥으로 나가 친구들과 뛰어놀았다. 해가 지고 캄캄해져야 집에 들어왔다. 너무 늦게 다닌다고 남편한테 혼나기도 했다. 친구들과 몰려다니며 에너지 넘치는 아이였다. 대학 2학년을 마치고 군대에 입대했다. 상근예비역으로 복무하라는 통보를 받았다. 우리는 조심스럽게 말했다. 현역으로 갔다 오는 게 더 좋지 않겠냐고. 아들도 같은 생각이라고 했다. 직접 현역 복무로 변경 신청하고 입대했다. 이 이야기를 들은 지인들은 놀랐다. 다들 현역으로 안 갈려고 하는데, 누가 현역을 자청하냐고 했다. 혹시 계모 아니냐고 농담처럼 말했다.

아들은 대학 졸업 후 태국에 있는 회사에서 첫 사회생활을 시작했다. 이후에 광주에서 전기 연구원으로 일했다. 지금은 남편이 하는 사업을 배우며 새로운 길을 준비하고 있다.

지난 초겨울 어느 날 아들이 카레라이스를 만들었다며 한 통 들고 왔다. '맛이나 보라'면서. '세상에, 이런 날도 있구나.' 속으로 감탄하며 뚜껑을 열었다. 간도 딱 맞고 양파와 감자, 당근, 버섯이 잘 어우러져 제대로 맛을 냈다. 엄마를 생각하는 마음이 고맙다. 겉으로는 무뚝뚝해 보이지만 마음 씀씀이가 언제나 따뜻하다.

아이 둘 다 서울로 대학을 갔다. 이화여대, 홍대. 신촌에 각각 오피스텔을 얻었다. 둘이다 보니 매년 오피스텔을 따로 얻고 이삿짐 싸는 게 예삿일이 아니었다. 고민 끝에 투룸으로 집을 장만해 함께 살게 했다. 그 덕에 나도 서울 나들이를 더 자주 했다. 학교 캠퍼스 구경을 하고 학식도 먹었다. 아이들과 뮤지컬 공연도 보러 다녔다. 시간이 날 때마다 서울 곳곳을 여행했다. 남산공원과 서울숲, 난지공원, 하늘공원, 올림픽공원, 경복궁과 북촌 한옥 마을까지.

딸이 대학생이 되면서 방학이면 나의 여행 친구가 되었다. 남미, 미국, 캐나다, 유럽, 호주, 동남아 등 함께 여행한 나라가 서른 곳이 넘는다. 서로 시간만 맞으면 자주 떠난다. 아들과도 여행을 다녔다. 군 입대 전과 제대 후 단둘이 대만과 싱가포르를 다녀왔다. 아들과의 여행은 또 다른 맛이다. 말수는 적은 편이지만 함께 걷고 식사하며 문득문득 꺼내는 말에 기분 좋아진다.

지난해 10월 딸과 제주도로 여행을 갔다. 점심을 먹고 들른 이호테우해변. 바닷가 모래 위를 맨발로 걷는 사람들이 많았다. 요즘은 어디서든 맨발 걷기가 유행이다. 우리도 신발과 양말을 벗어 나무 의자에 나란히 올려놓고 걷기 시작했다. 바닷물과 모래가 맞닿아 있는 곳으로 걸었다. 모래가 햇살에 데워져 따뜻하고 발바닥에 닿는 감촉이 부드러웠다. 바닷물이 밀려와서 뒤따라오는 우리의 발자국을 금세 지워버렸다. 우리는 나란히 걸으며 잔잔한 바다를 눈에 담았다. 그때 딸이 내 손을 잡으며 말했다.

"엄마, 나도 엄마처럼 나이 들고 싶어."

그 말에 나는 발걸음을 멈췄다. 바닷바람이 가볍게 머리카락을 흔들었다. 갑작스러운 말 한마디에 가슴이 뭉클해졌다. 말없이 딸의 손을 꼭 잡았다. 울컥하는 마음을 꾹 눌렀다. 맞잡은 손이 더 따뜻했다. 그 순간만큼은 어떤 말도 어떤 설명도 필요 없었다.

아이들을 키우며 바쁘고 고단했던 날도 많았다. 그 모든 순간이 쌓여 지금의 우리가 되었다. 돌아보면 아무렇지도 않게 흘러보낸 하루하루가 참 소중했다. 다 때가 있었다. 이제 성인이 된 아이들은 각자의 자리에서 자신의 삶을 잘 꾸려가고 있다. 그 모든 시간이 헛되지 않았음을 느낀다.

엄마로 살아낸 지난 시간이 너희에게 든든한 뿌리가 되었기를 바란다. 그리고 언젠가 너희도 누군가의 엄마 아빠가 되었을 때 오늘의 내가 떠올랐으면 한다.

3-9.
자립심 강한 아들딸

이상순

"아이고 허리 내 허리 끊어진다. 엄마, 나 살려. 나 좀 살려." 자다가 허리가 끊어질 듯 아파 잠이 깼다. "진통이 허리로 오면 허리 못쓴다 했는데 어찌할꼬." 엄마가 걱정하며 중얼거린다. 밤 열 시쯤 시작된 진통은 밤을 꼬박 새우고도 그치지 않는다. 병원이 아닌 친정집이다. 엄마와 옆집 할머니의 도움으로 아기의 힘찬 울음소리 들으며 엄마가 되었다. 날이 밝은 아침 6시다. 이목구비가 또렷하고 야무지게 생겼다. 피는 못 속인다. "새끼손가락이 아빠와 꼭 닮았네." 할머니가 된 엄마의 말이다. 아빠는 새끼손가락 하나가 짧다. 순산했다는 소식 듣고 온 아빠도 애기 손을 잡고 놓을 줄 모른다. 만져 보고 또 보고 큰딸은 어릴 적 경기를 자주 했다. 밤중에 병원으로 달려가기를 여러 번이다. 부모 속 많이 태웠다. 젖이 모자라 분유를 먹이려 하면 젖병 꼭지를 이리저리 밀어내고 먹지 않는다. 장이 약한지 설사를 자주 했다. 겨울에 쑥 뿌리 캐다 찧어 즙 내어 먹이기도 했다. 다행히 커가면서 건강해졌다.

큰딸은 어릴 때부터 책을 좋아했다. 보는 사람들이 무슨 애가 이리도 책을 좋아하노? 친척 집에 가서도 아이가 안 보여 찾으면 책이 있는 방에서 혼자 책 보며 잘 놀았다. '책벌레'라는 별명이 붙었다. 공부하지 않는다고 다그치지 않아도 스스로 잘했다. 성모님께 잘 돌봐주세요, 부탁하며 남편 하는 일 돕는다고 수금하러 나갔다 늦게 돌아올 때 많았다. 어린 것들 셋이서 저녁을 굶은 채로 잘 때도 있다. 하루는 수금 나갔다 지쳐서 돌아왔다. 책상 위에 꽃다발과 책 한 권이 놓여있다. 책을 많이 읽는 딸은 엄마가 읽으면 좋을 것 같은 책을 골라 샀다. 어린것들이 용돈 모아 엄마 아빠 결혼기념일이라고 예쁜 글씨로 편지까지 적었다. 발바닥이 불이 난 것처럼 화끈거려 힘들었는데 날아갈 듯 기분이 좋아졌다. 언제 이렇게 컸을까 초등학생들인데 벌써 철이 들었다. 고생해도 보람 있고 기쁨이 있다. 중고등학교에서 1~2등 할 정도로 공부 잘하는 딸이라고 지인들이 부러워했다. 대학을 서울로 가고 싶어 하는 딸을 아빠는 여자를 멀리 보낼 수 없다는 이유로 부산대로 가게 했다. 큰딸은 국문과 나와 석사 학위 받고 외대에서 한국으로 유학 오는 학생들을 지도하고 가르쳤다. 결혼해서도 못다 한 공부 열심히 한다며 시아버지께서 대학원을 보내 주셨다. 박사과정 중에 돈을 요구하는 일이 있어 염증을 느낀 딸은 그만두었다. 청렴하기를 아빠 꼭 닮았다. 그 아빠에 그 딸이다.

사위가 친구와 함께 사업하다 실패했다. 빚 갚을 형편이 안되니 파산 신고 후 처가살이해야 했다. 얼마나 마음고생 심했을까? 부지런한 사위는 무슨 일이든 닥치는 대로 열심히 했다. 밤이면 컴퓨터 두세 대 놓고 구직을 위해 이것저것 클릭하는 소리 계속 들린다. 안방 문밖 베란다에서 나는 컴퓨터 소리에 잠을 이룰 수 없다. 몸이 아픈 나는 고통에 시달리며 끊임없이 기도했다. 하루는 너무 괴로워 통곡하며 하느님께 울부짖었다. 나의 부르짖음을 들으셨을까? 며칠 후 사위는 기쁜 소식을 전한다. 두 명 뽑는 데 300명 넘게 접수했단다. 그중에 본인이 합격이라 한다. 많은 사람 제치고 취직하게 된 사위는 기쁨이 넘친다. 우리 집에 경사가 났다. 사람은 고통을 겪음으로써 겸손해지는 것 같다. 성격이 곧고 공부도 잘하여 자존심이 강한 딸 교만할까 염려했었다. 딸은 돈이 전부가 아님을 알았다. 시련을 겪은 후 성숙한 어른이 되었다. 사위는 딸에게 너무 고생시켜 미안하다, 헤어지자 했단다. 함께 이겨냈다며 고마워한다. 마누라 끔찍이 여기며 서로 아끼며 잘살고 있어 고맙다.

부모님께서 일찍 돌아가신 사위는 친부모님께 효도하듯 처부모께 잘한다. 딸과 사위는 필요한 게 무엇일까 살펴 가며 살뜰히 챙긴다.

누나와 두 살 터울인 아들은 새벽잠이 없고 일찍 일어나 공놀이한다. 벽에다 공 던지고 받기를 반복하다 날이 밝으면 아파트 밑에 축대로 가서 계속이다. 어릴 때부터 예리한 눈을 가진 아들이다. 학교에서 야외 수업 나가 게임 했단다. 선생님이 오판하여 억울하다며 화가 잔뜩 나서 말했다. 그렇게도 좋아하는 공놀이하느라 초등학교 2학년 때 하교 시간이 지나도 오지 않는다. 학교에 찾아갔다. 땀 흘리며 공 따라다니다 지쳐 쓰러질 지경이다. 아이를 한의원에 데리고 갔다. 원장님 말씀, 이 아이는 심장에 열이 많아 몸을 많이 움직여 열을 분출해야 살 수 있다 한다. 아무리 힘들어도 아이를 살려야겠다는 생각에 한약을 먹였다. 건강하게 키우려고 밭에서 지렁이 잡아 토룡탕 만들어 먹였다. 그래서일까 건강하게 잘 자라 다리가 어느 사찰 큰 기둥처럼 튼튼하다.

아빠는 축구 시킬 생각이 없다. 예비 신학생 모임에 보내며 사제 되기를 바랐던 것이다. 초등학교 3학년 첫영성체 후부터 새벽 미사 복사는 맡아 놓고 했다. 어른들의 사랑을 많이 받았다. 학교와 성당을 오가며 밝게 자랐다. 누나를 생각하는 마음도 있다. 중학교 때 형편이 어려워 육성회비 제때 주지 못해 친구들 앞에서 창피당했다 한다. "어머니, 저는 남자니까 괜찮아요. 누나 먼저 해주세요" 하며 배려심 많은 아들이다.

집에 돌아오면 생활 성가 틀어놓고 집안 분위기 밝게 하여 좋았다. 성당에 대축일이 되면 연극도 잘하고 춤도 잘 추어 인기 만점이다. 대학 시험 가톨릭 신학대 쳤으나 떨어졌다. 재수하여 외대에 들어갔다. 부모의 욕심이 좋아하는 축구 하도록 밀어주지 못했다. 미안한 마음 금할 길 없다. 축구 잘하는 아들 군대 가서도 대학에서도 인기 그만이다. 학교나 성당에서 축구 대회가 있으면 아들이 소속된 팀이 우승을 여러 번 했다. 교구 축구회 잘 이끌어 교구장 상도 받았다. 본인이 그토록 좋아하는 일은 누가 뭐래도 끝까지 해

내는 '자립심 강한 아들'이다. 스스로 노력하여 프로축구 심판이 되었다. 거실 진열장에 화려하게 '빛나는 상'이 그득하다. 축구 최우수 선수상 최우수 심판상 최우수 꼴 킵 상 대한축구협회 창립 78주년 때 "대한 축구 협회장 표창"을 받았다. 경기중 심판 보는 중에 선수 한 명이 혀가 말려들고 경련 일으키는 것을 알아챈 아들은 즉시 순발력 발휘하여 혀 깨물리지 않게 수건을 입에 물리고 응급 처치하여 선수 한 명 살리는 데 일조했다. 2011년 9월에 있었던 일이다. 선수의 부모님께서 감사하다며 백화점 상품권을 보내왔다. 당연한 일을 했다며 돌려보냈다. 청렴하기를 아버지 꼭 닮은 아들이다. 지금은 대한축구협회 부위원장으로 서울을 오가며 바삐 움직인다. 많은 고생 했어도 한 번도 원망하지 않았다. 어려움 중에도 더 어려움에 있는 아이 두 명을 말없이 후원하여 세이브 더 칠드런 사무총장으로부터 감사장을 받았고 어린이 두 명으로부터 '후원자님 덕분에 이렇게 컸습니다'라는 인사와 함께 사진을 보내왔다. 적십자 헌혈유공장(은장) 등 철부지로 생각했었는데 내 아들이 맞나 싶을 정도로 감동했다. 스스로 체력 관리 잘하며 잘 커 준 아들에게 찬사를 보낸다.

오빠가 약을 올리면 이길 수 없어 오빠 베개 잡고 힘껏 두들겨 패며 화풀이한다. 지혜로운 귀염둥이 작은딸, 아이들에게 인기 많은 딸이다. 옆집 살던 훈이는 울다가도 윤주 누나만 부르면 울음을 그치고 잘 놀았다. 멀리 이사 갔어도 윤주 누나를 잊지 않고 결혼식 때 엄마 아빠와 함께 와서 축하해 주었다. 주일학교 교사할 때 학생들이 세레나 선생님 반 되고 싶다며 아이들이 따랐다. 지금은 교회에서 쓰임 받는 일꾼으로 맡은 일 잘하고 있다. 작은딸은 유치원 특강, 어린이집 특강을 하며 아이들과 그 부모들께도 인정받으며 바삐 움직인다.

누구에게나 온화하게 대화 잘하는 작은딸. 엄마의 마음도 헤아릴 줄 아는 속이 깊은 딸이다. 막내가 막내같지 않고 속이 깊고 인내심 강한 딸이다. 말없이 항상 손해 보며 고생하는 모습이 엄마 마음이 편치 않았었다. 맏며느리로 시집가서 어른들 모시고 살았다. 시아버지 성격이 괴팍해 뜻 맞추며 사느라 마음고생 많았다 한다. 엄마 마음 아플까 봐 내색 한번 없었다. 나 한 사람 참으면 집안이 편하리라 생각하며 살아온 엄마를 꼭 닮은 딸이다. 참는 게 미덕으로 알고 모든 어려움을 신앙으로 이겨낸다. 자신을 성화시켜 당당하게 살고 있어 고맙다. 자신에게 주어진 달란트 잘 살려 충실히 살아가며 효도하는 아들딸 대견하다.

부모로서 풍족하게 해주지 못하고 엄하게만 키웠는데 빗나가지 않고 바르게 자라주어 너무너무 감사하다.

"자립심 강한 아들딸, 든든하고 고마워."

3-10.
직장 선배 같아

홍순옥

　내가 어떤 엄마인지 아들과 딸의 대답이 궁금했다. 늦은 퇴근으로 지친 몸을 소파에 기대며 물었다. 나의 질문에 둘 다 선뜻 대답이 없다가 말한다. "직장 선배 같은 엄마" 큰애가 핸드폰에서 눈도 떼지 않고 말했다. 순간 호흡이 멎을 듯 당황했다. 그걸 들키고 싶지 않아 아무렇지도 않은 척했다. 둘째의 대답에는 아무렇지 않은 척하기 어려웠다. "차가운 엄마" '헉 이게 무슨 대답이지?' 순간 뭐라고 말해야 할지 몰라 얼마간 침묵이 흘렀다. 앞에 켜져 있는 TV가 고마웠다. 거실을 어슬렁거리는 두 마리의 고양이에게 시선을 고정했다. 큰애가 키우다 함께 들어와 가족이 된 블루와 베리가 무슨 일이냐는 듯 고개를 들어 나를 응시했다. 항상 일로 바쁜 엄마라도 난 최선을 다했다고 생각했다. 아이들이 느끼는 엄마는 달랐던 모양이다.

우리나라에 쉬는 토요일이 처음 시행되었을 때다. 사회복지사인 나는 갑자기 생긴 토요일 휴무에 장애 아이들을 돌보느라 우리 아이들은 친정엄마에게 맡겨야 했었다. 일하는 엄마의 애환이려니 했다. '나만 그런 건 아니니까'라고 위로했었다. 그렇다고 해도 내 아이들을 제대로 쳐다봐 주지 못한 건 어쩔 수 없는 미안한 일이 되어버렸다.

"엄마 상처 받았어?" 큰애가 묻는다. 아니라고 대답은 했지만 그렇게 느꼈을 아이들의 마음이 헤아려져 가슴이 저리다. 그렇다고 해도 가슴에 구멍이 뚫린 듯 시린 걸 아니라고 할 수도 없었다. 그제야 사실은 엄마가 대단해 보였다고 큰애가 위로하듯 말을 건넨다. 같은 일을 몇십 년 동안 하고 있다는 것만으로도 존경스럽다고 했다. 직장 선배 같다는 게 그런 말이었는지 물으니 맞는다고 했다. 직장에서 만나는 선배나 상사 같은 사람이란다. 무심코 컴컴하고 황량한 바람이 부는 창밖에 시선을 돌렸다. 어릴 때는 조금 엄하고 열심히 사는 엄마였다고 했다. 그런데 며칠 전 본 엄마 뒷모습은 안쓰러웠다고 큰애가 말한다. '왜?'라고 물을 걸 알았다는 듯 말을 이었다. 내가 친정엄마를 챙기러 나가는 뒷모습이 무거운 짐을 혼자 다 지고 가는 사람처럼 힘겨워 보였다고 했다. 그 말에 울컥 눈물이 고였다. "나 밖에 나가면 부모님이 잘 키웠다고 말해. 나 잘 컸어." 아들이 덧붙여 한마디 더 해 준다.

아들은 초등학교 2학년 때부터 집 열쇠를 목에 걸고 다니는 아이였다. 학원을 돌고 나면 집에 들어가 엄마 아빠가 퇴근할 때까지 혼자 있어야 했다. 어느 비 오는 날 혹시 엄마가 학교로 우산을 가져올 수도 있을 것 같아 마냥 기다린 적이 있었다고 했다. 가슴 아픈 추억이 되어버린 이야기를 어른이 되어서야 털어놓았다. 아들이 초등학생 때인 어느 생일날이었다. 생일 축하 가랜드를 좁은 거실 방을 가로질러 현관문을 열면 바로 보일 수 있도록 걸었다. 소고기를 듬뿍 넣어 참기름으로 들들 볶아 맛을 냈다. 미역국과 아이가 좋아하는 고기반찬도 몇 가지 했다. 그날은 일찍 조퇴하고 집에서 아이를 기다렸다. 오로지 아이를 위한 시간을 내어주고 싶었다. 아이가 문을 열고 들어올 때 엄마가 기다리고 있는 모습을 보여 주려 했다. 얼마나 기다렸을까 드디어 현관문이 열리고 아이가 들어왔다. 아이와 눈이 마주쳤다. 귀엽고 천진난만한 눈이 커지면서 생일 가랜드와 나를 번갈아 쳐다본다. 무슨 일인가 잠시 놀라더니 이내 하얀 이를 드러내며 함박웃음을 웃었다. "생일 축하해" 하며 아이를 꼭 껴안았다. 이게 뭐라고 이내 가슴이 뭉클해 왔다. 훗날 어린 시절을 생각할 때 얘기할 수 있는 추억거리 하나를 만들어 주고 싶었다. 그렇게 자란 큰아이는 시간이 되는 저녁이면 같이 걷자는 엄마 말에 선뜻 시간을 내어준다. 나뭇가지가 휘날리고 시원한 바람이 볼을 스쳐 지나가는 아파트 단지 길을 걷는다. 회사 얘기 친구들 이야기를 하며 걷는 그 길이 나는 참 행복하다.

어디 갔는지 깜짝 놀라 아이를 찾아다니다 보면 조그만 게 낯선 사람들과 어울려 놀고 있다. 병원에 입원했을 때도 옆 병실 언니 오빠들과 금세 친해져서 놀곤 했었다. "어머니 샛별이 걱정은 마세요! 친구들하고도 잘 지내고 선생님들하고도 친해요." 담임 선생님을 만나러 가면 듣게 되는 말이다. 둘째는 그런 아이다. 사람들과 쉽게 친해지며 누구하고도 잘 지내는 아이였다.

맞벌이 엄마를 둔 둘째 딸은 내 사무실 옆 공립 어린이집을 다녔다. 땅거미가 짙어질 무렵 퇴근 후 아이에게로 향했다. 기린과 토끼 호랑이가 숲속을 뛰어노는 벽화가 가득한 어린이집 현관을 열고 들어섰다. 딸아이가 졸린 눈을 비비며 분홍색 가방을 메고 앙증맞은 앞치마를 두른 선생님의 손을 잡고 나왔다. 반갑게 앉아서 아이를 안아 데리고 나왔다. "엄마! 늦게 와도 되는데 꼴찌로 데리러 오지 마! 나 혼자 남아 있기 싫어." 아이가 말했다. 그 순간 쿵! 가슴에 큰 돌이 하나 박히는 것 같았다.

딸은 일하는 엄마의 회사에 따라 유독 유치원 초등학교 중학교를 집과 먼 곳으로 보내게 되었다. 그러다 보니 아침저녁으로 나의 출퇴근 시간에 맞춰 등하교를 같이하게 됐었다. 인천에서 안산으로 일을 다니는 나에게는 아침마다 쉽지 않은 나날들이었다. '빨리빨리'를 하루에도 몇 번씩 말하게 되었다. 나도 힘들었지만 아이는 얼마나 힘들었을까 싶다. 그런 아이는 매번 새로운 친구들을 사귀어야 했다. 동네 친구가 없다고 속상해한 적도 있었다. 새로운 친구들을 사귀어야 해서 힘들었다고 했다. 딸은 슬기롭게 잘 견뎌주었다. 성격도 좋고 학교생활 잘하고 있다는 선생님들 말에 '잘 자라고 있구나!' 했다. 그런 과정들이 아마도 딸에게는 긍정적이고 좋은 성격으로 형성되는 계기가 되었던 거 같다.

어느 날 딸이 화장실 문을 쿵쿵 급히 두드리며 나를 찾았다. 무슨 일이 일어난 것 같았다. 물이 뚝뚝 떨어지는 머리를 얼른 수건으로 싸매고 문을 열었다. "엄마! 나 합격했어! 자격증 땄다고!" 딸아이는 울먹이며 기뻐서 펄쩍펄쩍 뛰었다. 고등학교에 다니는 2년 동안 저녁으로 제과제빵학원에 다녔었다. 늦은 시간까지 야간자율학습 대신 빵을 만들면서 따낸 자격증이었다. 우린 서로를 얼싸안고 큰소리로 울먹이며 마주 보고 웃었다. 몇 번의 시험에서 고배를 마셨던 딸을 제대로 위로해 주지 못했었다. 그저 열심히 하라고만 했었다. 진심으로 딸의 마음을 들여다볼 용기를 내지 못했다. 늦었지만 이제라도 따뜻하게 안아주고 싶다. 마음 깊이 전하고 싶은 말은 늘 단순했다.

"힘들었지, 정말 잘 버텼어." 일찌감치 진로를 제과제빵사로 정한 기특한 딸이었다. 자격증 시험에 몇 번씩 도전하고도 포기하지 않았다. 끝까지 도전하여 자격증을 따낸 집념에 감격스러웠다. 딸이 시험에 실패할 때마다 같이 울어주고 안아주지 못했다, 다른 선택지를 더 찾을 생각을 못 하고 혹시 그만 포기하고 좌절할까 봐 두려웠던 것 같다. 아이의 미래가 그것만 있는 게 아닌데 그때 아이의 힘든 마음을 읽어주지 못했다. 그때의 내 모습이 지금 딸에게 차가운 이미지로 남았다고 했다.

그 모든 순간 속에 결국은 지금의 우리가 있다고 생각한다. 엄마로서 내가 가졌던 그 두려움과 염려는 내 사랑의 표현 방식이었다. 그게 늘 아이들에게는 다정함으로 다가가지 못했다.

아이들과 함께했던 그 많은 아침 시간은 매일 전쟁처럼 시작되는 하루였다. 그 전쟁 속에서 나는 최선을 다한다고 했다. 그렇지만 아이들의 마음을 살필 겨를이 없었던 것 같다.

우리가 함께 보낸 많은 시간이 나와 아이들의 성장에 중요한 밑거름이 되었음을 믿는다. 이제 아이들은 자신만의 꿈을 향해 달려가고 있다. 그 길에서 어려움을 겪을 때마다 스스로 일어설 힘을 가지게 된 것 같다. 내가 너무 조급하게 아이들을 다그쳤던 그 순간들이 스스로 강해지고 성장할 수 있는 계기를 만들었을 것이다. 아이들이 자라면서 걷는 그 길을 묵묵히 함께 걸어가 줄 뿐이다. 결국은 아이들이 자신만의 길을 찾아갈 것이다. 나는 우리 아이들이 자신의 꿈을 이루며 행복해질 수 있도록 그저 뒤에서 응원해 줄 뿐이다. 가끔 내가 다가가지 못했던 부분이 아쉬워 속상할 때가 있더라도…

사랑한다. 너희의 엄마라서 난 행복하단다.

제4장

지금이 가장
아름다운 나

4-1.
지금, 나로 피어나다

김경애

    나는 코리아둘레길을 걷고 싶어 하는 사람들과 거의 매주 주말 길을 나선다.
    코리아둘레길은 우리나라 외곽을 하나로 잇는 약 4,500㎞의 초장거리 걷기길이다. 얼마 전 회원들과 단합대회를 갔을 때 한 회원이 갑자기 손을 들며 물었다. "리더님은 어떻게 길을 걷게 되셨나요? 겁도 많으신 것 같은데 어떻게 그렇게 산을 오르고 절벽을 오르세요?" 그 말에 나는 바로 답을 하지 못했다. 그저 웃음으로 얼버무리며 간단히 답했다. 하지만 그 질문은 내 마음속에 오래 남아 계속 생각하게 했다. 겁 많고 소심한 내가 어떻게 혼자 길을 걷고 혼자 산을 오르게 되었을까? 돌아보면, 나는 한 번도 쉬어본 적이 없었다. 학창 시절부터 일을 했고 결혼 후에도 멈추지 않았다.
    두 아이의 엄마로, 직장인으로, 하루하루를 동분서주했다. '어제

보다 나은 내일'을 꿈꾸며 늦깎이로 학업에도 도전했다. 그렇게 달렸지만, 어느 날 나는 길을 잃었다. 직장에서 상사와 업무적으로 부딪혔다. 새로운 업무만 도맡아 하다 보니 스트레스는 극에 달했고 건강에도 문제가 생겼다. 생각지도 못한 일들이 생기면서 모든 일상이 무너졌다. 모든 것이 자신이 없었다.

그 시간 속에서 만난 것이 바로 '해파랑길'이었다. 난생처음 온라인 커뮤니티를 검색해 보고 동호회 회원들의 응원을 받으며 첫걸음을 내디뎠다. 해파랑길은 부산 오륙도에서 강원 고성통일전망대까지, 해변과 숲길, 마을을 잇는 750㎞의 긴 여정이다. 고향이 부산이라 출발점은 익숙했지만 혼자 길을 걷는다는 사실은 여전히 두려웠다. 처음에는 부산 구간만이라도 걸어 보자는 마음이었지만 동해의 매력에 점점 빠져들었다. 포항까지는 버스로 다녀올 수 있어 하루면 충분했지만, 강원도로 갈수록 당일치기 여정은 점점 버거워졌다. 그래서 금요일 밤 심야버스를 타고 새벽에 내려 걷고, 밤 버스로 돌아오는 일정이 이어졌다. 어느 날 버스를 놓치고 말았다. 어쩔 줄 몰라 하며 남편에게 전화를 걸었더니 "에쿠, 거기까지 갔으면 하루 더 편하게 있다가 오세요" 했다. 그 말에 용기를 얻어 생애 첫 외박을 하게 되었다. 이 일이 계기가 되어 나는 처음으로 3일간 길을 걷기로 했다. 그때부터 나는 온전히 '길 여행'을 시작하게 되었다. 이 시간은 이제껏 내가 경험하지 못한 시간이었다.

나에게 여행은 항상 새로운 경험을 해야만 하는 과정이었다. 출장이나 여행을 떠날 때면 일행보다 일찍 일어나 주변을 돌아보고 일정이 끝난 후에도 바쁘게 움직이며 더 많은 것을 보려 애썼다. 나는 늘 바쁘게 움직였다. 지금 생각해보면, 나에게 여행은 '쉼'이 아니라 뭔가 배워야만 하는 숙제 같은 시간이었던 것 같다. 하지만 길 여행은 달랐다.

친구가 물었다. "왜 걸어?" "응, 나를 찾기 위해서." 처음에는 이렇게 대답했다.

"왜 그렇게 걸어?" "응, 그냥 걸어." 현재 나는 이렇게 대답한다.

처음 길을 걸을 때는 복잡한 생각들을 정리하기 위해서였다. 하지만 길을 걷다 보면, 어느새 그 생각들을 잊어버린다. 어쩌면 그래서 나는 계속 길을 걷고 산을 오르는지도 모르겠다. 길을 나서는 것은 단순히 걸음을 옮기는 것 이상의 의미를 내게 주었다. 해파랑 길을 걸으며 해와 바다, 바다 위에 빛나는 윤슬, 스치는 바람, 그리고 파란 바다와 자연의 소리 속에서 나는 내 마음을 조금씩 열게 되었다. 내 생각과 감정을 솔직하게 마주할 수 있었다. 이 시간은 나를 돌아보게 하고 현재의 나와 삶의 의미에 대해 생각하게 했다.

길 위에서 찾는 행복, 길을 걷는 것은 단순히 걷는 것이 아닌 자기를 찾고 행복을 찾아가는 여정이다. 나는 길 위의 시간을 통해 나를 발견하였고 새로운 경험을 통해 나만의 길을 만들어갈 수 있었다. 새로운 길을 시작하면서 지난 시간 길을 걷는 동안 느꼈던 마음을 다시 떠올리게 되었다.

길은 때로 정해진 목적지가 있지만 어디로 향하는지 모를 때도 있다. 마치 인생과 같다. 나는 고민했다. 내가 원하는 건 무엇일까? 내가 하고 싶은 건 무엇일까? 내가 지금 가고 있는 이 길이 맞는 걸까? 늘 변화해야 한다고 생각했고 도전해 왔다. "길을 모르면 물어서 가면 될 것이고 잃으면 헤매면 된다. 하지만 중요한 것은 나의 목적지를 잃지 않는 마음이다." 어딘가에서 읽은 문장처럼, 길을 가다가 길을 잃게 되면 헤매면 되고 그 시간 속에서 또 다른 선물이 주어짐을 알게 되었다. 무엇보다 중요한 것은 나의 마음이라는 것을 길을 걸으며 깨달았다.

퇴직을 앞두고 있다. 어느새 60대가 되었다. 아직 하고 싶은 것도 가고 싶은 곳도 많은데 조금씩 멈추게 된다. 얼마 전 모임에서 누군가가 물었다. "우리 중에서 20대나 30대로 돌아가고 싶은 사람?" 놀랍게도 아무도 손을 들지 않았다. 다들 지난 시간으로 돌아가기보다 지금이 좋다고 했다. 고민과 책임으로 가득했던 젊은 날보다 지금이 더 자유롭고 소중하다고 했다. 나도 그렇다. 치열했던 30대와 일인 다역을 해야 했던 지난날로 돌아가고 싶지는 않다. 지금이 좋다. 어느새, 지금의 이 시간이 좋다.

그동안 나는 '나를 찾아서'라며 산으로 길로 떠났다. 하지만 이제는 진정한 나를 위해 살고 싶다. 오래도록 잊고 있었던 나의 버킷 리스트를 다시 꺼내 보았다.

가장 위에는 프랑스 와이너리에서 한 달 살기. 와인에 깊이 빠져 있었던 시간에 배우고 싶다는 간절한 열망으로 연필을 꾹꾹 눌러 적어둔 소망이었다. 그래, 잊지 말자. 그 시간의 간절함을.

두 번째는 국토 순례. 육아에 지쳐 있던 어느 날 황안나 작가님의 『내 나이가 어때서』를 읽고 마음속에 꼭꼭 눌러 담아두었던 다짐이었다. 은퇴 후에는 꼭 나도 떠나리라. 또 하나는 빵을 배워 이웃에 나누기, 어학연수…. 그 밖의 내가 나에게 들려주고 싶었던 수많은 소망이 그 안에 남아 있었다.

이제 하나하나 실천하려 한다. 겁 많고 소심했던 여자의 지난 도전과 경험들 그 모든 시간은 결국 '나'라는 이름으로 이어진 하나의 긴 여정이었다. 이제 나는 그 이야기를 글로 써서 망설이고 있는 누군가에게 작은 용기가 되고 싶다. 앞으로의 날들은 하고 싶은 것을 하고 궁금한 것은 찾아가며 살아가려 한다. 어쩌면 지금부터가 내 인생의 진짜 시작일지도 모른다. 왜냐하면 지금이 가장 아름다운 나이이기 때문이다. 이제는 나만의 길을 걸으며 나답게 살아가려 한다. 하루하루를 소중히 여기며.

4-2.
68세에 글쓰기

김연희

    오십 세에 폐경을 맞이했다. 추워 옷을 입었다가 갑자기 열이 확 오르면 벗어야 했다. 몸은 내 의지와 상관없이 고장 난 기계처럼 작동했다. 밤이면 뒤척이다 깼다. 불면과 함께 찾아오는 통제 불능 상태가 괴로웠다. 삶의 한 단계가 마무리되는 자연스러운 호르몬 변화가 시작되었다. 그 혼란에 잘 적응하고 싶었다.

    서울 외곽 절에서 진행하는 입관 체험 참여했다. 각자 유서를 쓴 후 밤 열 시 소복으로 갈아입었다. 군데군데 놓인 촛불 따라 아홉 명씩 나누어 산길로 올라갔다. 컴컴한 숲에는 몇 개의 촛불만이 희미한 빛 비추고 있었다. 평지에는 나무 관 아홉 개가 뚜껑 열린 채 쭉 놓여있었다. 컴컴해 바닥이 보이지 않는 나무 관은 아득하게 깊어 보였다. 들어가면 다시는 돌아오지 못할 어둠 속으로 빨려 들어갈 것 같았다. 한 명씩 관에 누웠다. 삼베로 얼굴을 가리고 두 손발을 묶었다. 뚜껑이 닫히고 못을 박는 망치 소리가 유난히 크게 들렸다. 적막함이 깊어질수록 어둠에 대한 두려움으로 심장이 쪼그라드는 듯했다. 그때 목탁 소리에 맞춰 금강경 소리가 낭랑하게 울려 퍼졌다. 두려움이 사라지고 평온함이 다가왔다. 죽고 싶다 함은 치열하게 잘 살고 싶다는 열망이다. 이 체험 후 불교에 입문했다. 감정이 요동칠 때면 불교 방송의 스님 법문 들으며 경전 필사했다. 반려견은 내 발아래 기대어 옆에 있어 주었다. 막내딸은 "고등학교 불교 교리 시험은 공부하지 않아도 다 알 수 있었어"라고 말했다.

2015년 봄날 친정아버지가 돌아가셨다는 전화를 받았다. 그 순간 나를 지탱하게 했던 기둥이 소리 없이 스르륵 무너져 내렸다. 상실의 아픔이 채 가시기도 전에 십삼 년을 함께했던 반려견마저 노환으로 무지개다리 건너갔다. 두 겹의 슬픔 속에서 깊은 고통의 시간을 견뎌야 했다. 슬픔은 각기 다른 모습으로 찾아왔다. 친정어머니는 홀로된 두려움과 슬픔으로 몇 달이나 눈물 흘리셨다. 슬플 때는 울어야 하는데 눈물이 나오지 않았다. 이유 없는 분노와 함께 허리로부터 시작되는 뜨거운 열기는 심장을 지나 머리까지 치솟아 올랐다. 밤에는 잠을 이루지 못했다. 목구멍으로 음식도 넘어가지 않았다. 날이 갈수록 기력이 쇠약해져 걷기조차 힘들었다. 이명과 어지럼증이 심해졌다. 한약 먹고 왕 쑥뜸과 침 치료를 병행했다. 효과는 딱 하루여서 매일 했다.

그러던 중 맨발 걷기의 자연 치유 효과를 알게 되었다. 희망 품고 거실에서부터 조심스럽게 걷기 시작했다. 곧 큰딸의 1년 육아

휴직이 끝나면 손녀를 봐야 했다. 다른 사람한테 맡길 수 없으니 딸과 사위는 주 삼 일만 하원 도와 달라고 했다. 도움이 되는 친정 엄마가 되고 싶었다. 체력 키워 바깥에서 걷는 시간을 늘려나갔다. 비가 오면 우산 들었고 더운 날에는 그늘을 찾았다. 추운 겨울에는 발이 시려서 발등 덮개 만들어 신고 걸었다. 맨발 걷기 시작한 지 일 년이 지나자 어지럼증과 이명이 서서히 사라졌다.

흙길 맨발 걷기는 땅속으로부터 자유전자가 몸속으로 유입된다. 자유전자는 활성산소와 결합하여 중화되면서 천연 항산화 효과가 발생한다. 과잉된 활성산소는 암, 고혈압, 심혈 질환, 치매 등 수많은 질병의 근원이 된다고 한다. 삼여 년 상실의 시간은 몸과 마음 무너뜨렸다. 맨발 걷기로 건강 되찾았다. 동네 공원 넘어 가까운 산과 지방까지 맨발 산행하게 되었다. 건강이 얼마나 중요한지 뼈저리게 깨닫게 되었다. 맨발 걷기로 체력 키워 필라테스와 헬스까지 개인 코칭 받는다. 체형 바로잡고 근력을 키우고 있다. 어느새 6년 차 꾸준하게 흙길 맨발 걷기를 하고 있다.

65살에 취미도 즐기고 용돈도 벌어볼까 해서 시니어 모델 활동을 시작했다. 매일 흙길 맨발 걷다 문득 생각했다. '나는 과연 제대로 걷고 있는 걸까?' 마침 신중년 학교에서 〈바른 자세 걷기 모델 워킹〉 수강생 모집했다. 걷는 자세 교정하려고 시작했다. 전혀 새로운 세계 마주하게 될 줄 몰랐다. 모델 워킹 1기 졸업을 위해 첫 패션쇼 무대에 섰던 날. 강렬한 조명 심장 흔드는 큰 소리 음악 관중 환호성 카메라 셔터 소리 단 몇 분의 런웨이였다. 그 순간 내 안에서 무언가 깨어났다. 그 후 크고 작은 무대 런웨이에 섰다. 단순한 즐거움을 넘어 열정을 느꼈다.

모델 활동을 위한 학원비, 의상비, 헤어·메이크업비, 참가비, 교통비, 사진값 등등 소소하게 비용이 차곡차곡 쌓여갔다. 가끔 모델료 받거나 무료로 쇼에 참여하기도 한다. 대부분은 참가비 내고 한 장의 사진으로 추억을 남겼다. 평소에 해 보지 못하는 화려한 화장과 액세서리 의상 착장하고 런웨이 하는 순간. 밤하늘의 폭죽처럼 짧지만 강렬한 순간 또 다른 내가 되어 걷는다. 시니어 모델 활동은 은근한 마력이 있었다.

그 뒤에는 긴 기다림과 철저한 자기 관리가 필요했다. 새벽부터 행사장에 나가 헤어·메이크업 순서 기다리고 리허설을 거친다. 모델 활동하며 얻게 된 것은 반듯한 자세로 걷는 법 익혔다. 오십 대부터 했던 염색을 멈추고 자연스러운 회색 머리 받아들였다. 피부 관리는 필수가 되었다. 하루 두 번 비타민 꼬박꼬박 챙겨 먹었다. 필라테스로 자세 교정하고 헬스와 맨발 걷기로 체력 다졌다. 몸과 마음이 한층 단단해졌다. 삼 년 차가 되니 충분히 즐겼다는 생각이 들었다. 열정과 시간을 활용하기 위한 새로운 취미를 찾기로 했다.

탐색 끝에 새로운 취미 찾았다. 인스타그램에서 서평 쓰기 시작했다. 무료로 책을 받는 즐거움과 서평을 잘 써야겠다는 고뇌는 보람과 성취감을 안겨 주었다. 20권이 넘어가니 이왕 쓰는 거 잘 쓰고 싶은 마음이 생겼다. '글쓰기 배워볼까?'라는 생각이 들었다. 그 무렵 카톡으로 몰타의 이국적인 풍경 사진이 날아왔다. 작년 몰타

한 달 살기 고민하며 통화했던 〈여행하는 술샘〉이었다. 먼 거리 탓에 포기했던 여행이다. 다음 날 무료 글쓰기 특강 공지 보았다. 망설임 없이 신청했다. 줌 강의 들으니 '글쓰기 나도 할 수 있겠다'라는 근거 없는 자신감이 생겨났다.

며칠 고민했지만 결국 결정했다. 60대 전후로 죽을 만큼 아픈 시간을 겪었다. 덕분에 삶의 방식을 바꾸었다. 생각 그만하고 건강할 때 도전하자. 계획 세우느라 시간 낭비하지 말자. 실행해 봐야 알 수 있다. 좋은지 싫은지 가능성이 있는지 없는지. 생각만 하다가 시작조차 못 하면 미련만 남는다. 줌으로 글쓰기 강의하고 여행 다니며 책까지 내는 선생님의 삶 너무 멋지잖아? 멋진 사람과 함께하는 과정만으로도 풍요롭다. 용감하게 〈공저 2〉에 도전했다. 예전 같으면 책 읽고 글쓰기 연습, 문장 수업, 문장 수집 등등 사전 계획 준비로 시작도 못 했을 것이다. 나의 인생 글로 회고하는 것만으로도 특별하다.

첫 글은 서툴고 아쉬움이 많을 것이다. 처음부터 훌륭한 글쓰기가 되지 않는다. 아무것도 하지 않으면 아무 일도 일어나지 않는다. 〈공저 2〉 참여 덕분에 글쓰기 공부에 적극적으로 참여하고 있다. 줌 강의 주 2회, 매일 글쓰기, 일기 쓰기, 문장 수집 노트 정리, 메모 습관 등 선생님이 하라는 대로 다 할 수 있는 원동력이 되었다. 용기 있는 도전은 실패와 성공 과정 경험하면서 성장할 것이다.

4-3.
웰-다잉 글 쓰는 할머니

김정갑

앞으로나란히, 바로. 앞으로나란히, 바로. 선생님의 구령에 맞춰 하나 같이 손을 앞으로 내밀었다 내린다. 수백 명의 손바닥이 허벅지에 닿을 때마다 후드득 호박잎에 떨어지는 굵은 소나기 같다. '그래, 선생님이다.' 초등학교 입학식 날 여덟 살 꼬마의 새가슴 암팡지게 새겨진 꿈이다. 어린아이의 막연한 결심은 살아가면서 한 번도 잊지 않았고 중심을 잡아줬다.

2023년 10월 중순 김수하 작가의 초대를 받고 시즌 1 공저 10인의 『여기까지 참 잘 왔다』 출판기념회에 참석했다. "노트북 자판을 두드릴 수도 없었다.", "일기도 제대로 쓰지 않았다. 문외한을 작가의 반열에 올려주었다.", "도전해 보세요!", "하면 됩니다.", "함께라서 여기까지 왔어요!"라는 소감에 깊은 곳에서 뜨거움이 솟아올랐다.

여든에 시집 한 권 내는 게 버킷리스트 두 번째 항목이다. 함께, 우리라는 틀 안에서 살아왔다. 살아온 날보다 살아갈 날이 부족하다. 용기를 내어 어른들 글쓰기 2024. 11 등록 오늘에 이르렀다. 기회가 왔다. 시즌 2 "여기까지 참 잘 왔다" 10인 공저팀으로 합류했다. 그러나 모든 것이 낯설다. 부담이 덮쳐 왔다. 자신이 없었다. 21일의 챌린지, 생전 처음 대하는 블로그 작성. 앞이 캄캄했다.

후배 하영삼 사진작가에게 도움을 청했다. 글쓰기 정규수업과 문장 수업 특강과 21일 챌린지 글쓰기의 가장 기본이자 훈련이며 자질 향상이었다. 다섯 번째 다산의 마지막 습관 완료 여섯 번째 편지글 쓰기도 완료다. 두 번은 보류상태 편지를 퇴고 중이다. 도전은 무모한 것이 아니라 나를 성장시키고 확장 시키는 것이다. 일곱 번째 나를 키운 실패 이야기 챌린지 진행 중이다.

『다산의 마지막 습관』을 읽고 구체적으로 한 문장 선택하여 나의 경험과 생각을 적고 어록을 쓴다. 12페이지 1,500~2,000자 내외 분량 사진 첨부는 자유다. 처음 석 줄 열 줄이었든 게 6개월 후 1,500~2,000자를 쓰고 있다. 많은 변화가 왔다. 하루하루 모인 블로그의 글들 200회를 향하고 있다. 500회 1,000회 죽을 때까지 쓸 것이다. 더듬거리든 모습에서 매일 쓰는 작가다운 변모로 이 자리에 온 것은 포기하지 않고 온라인강의에 꾸준히 참가하는 기본을 지켜온 덕분이다.

개인적인 꿈으로 새벽 5시 월, 화, 목, 금 30분씩 석 달 동안 정원희 코치의 온라인 영어 수업을 들었다. 10인 공저팀에 합류하게 되니 글 쓸 여유는 물론 잠이 부족해 더 이상 할 수 없었다. 쉽게 이루어지는 것은 세상 어디에도 없다. 그만큼 시간 투자. 책 읽기 글쓰기 게을리하지 말아야 한다. 일권십독(日卷十讀) 일서정독(日書精讀) 책 한 권을 열 번 이상 정성스럽게 읽으라는 것이다. 매일 자정에 주어지는 주제는 삶의 활력과 기대감 사물에 대한 주의력 집중력을 갖게 한다.

새벽 이지라이팅 블로그 쓴 글 올리지 않으면 온종일 글에 대한 부담으로 일이 손에 잡히지 않는다. 내 몸에 딱 맞는 편한 옷이다. 꿈은 이루어진다. 찾는 것이다. 하루하루 감사하다.

지난 겨울방학 손자 손녀들이 내려왔다. 50대 중반인 아들 둘은 늦장가 갔다. 큰아들은 6학년 4학년 3학년 3남매 작은아들은 6학년 4학년 남매다. 손주들 나이가 똑같아 6학년 2명 4학년 2명 3학년 1명 이렇게 5명 친손주다. 외손자 둘은 군 제대 직장생활을 하고 있다. 7명의 손주 부자다.

방학이면 우리 집은 합숙소 전쟁터로 변한다. 다섯 명의 손주는 무엇이 그렇게 즐거운지 아침부터 저녁까지 시끌벅적하다. 정신이 없다. "얘들아 한 가지 제안할 것이 있다. 게임 그만하고 내 말 좀 들어볼래?" 다들 일제히 쳐다봤다. "할머니가 작가가 되려고 어른들 글쓰기 공부하고 있어. 너희들도 매일 일기 써 보내주면 그 보상으로 하루 천 원씩 한 달 3만 원 통장으로 입금시킬게" 했다. 와~아 환호한다. 그러면 얼마냐 물었다. 장손이 15만 원이요. 1월 20일 시작하여 지금에 이르렀으니 글쓰기 근육이 조금은 붙었다. 손주들이 일기 보내고 때론 하트 도배해 보낸다. 코끝이 찡했다.

다섯 명에게 답장을 보내는 것이 요즈음 중요한 일과다. 이런 날이 올 줄 상상할 수 없었다. 설 추석 명절에나 손주들의 소식을 듣고 얼굴 보는 것이 고작이었다. 이제는 애들의 일상이 눈에 선하다. 늘그막에 손주들과 소통할 수 있으니 꿈은 가까운 곳에 있었다. 매일 석줄 열 줄 글이 때론 스무 줄 이상 보낼 때는 가슴이 벅차다. 글쓰기로 인하여 아이들도 자신감이 있어 보인다. 자주 만나지 못해 어렵게만 생각하는 할머니와의 거리도 가까워졌다. 어린이날 연휴로 분당에서 작은아들네가 왔다. 퇴로 고가 넓은 강당 방을 얻었다. "어머님, 애들한테 도서관 책 빌려 독후감 써서 상을 주면 어떨까요." "그래 참 좋은 생각이다." 밀양도서관 책 빌려 다섯 명의 손자 손녀들이 합숙하며 글을 썼다. 큰손녀 민주 박현숙 '사라지는 학교' 큰손자 우주 '열두 살 창업학교' 배드민턴 선수 동주 '합숙 체험 글' 성주 '게임중독자 최일구' 막내 민지 황현우의 '저도 다 생각이 있어요' 이름을 적지 않고 용지를 들고 왔다. 넓은 강당이 제대로 임자 만났다. 눈맞는 강아지처럼 뛰고 굴리고 체조로 난리다. "어머님 우리 애들이 진짜 글이 많이 달라졌어요." 또박또박 독후감을 써온 아이들이 기특하고 대견스럽다.

글쓰기 등록 후 첫 번째 21일 챌린지 완료 도서상품권을 큰아들네 손주에게 선물로 줬다. 두 번째는 작은아들네 세 번째는 동생 손주에게 네 번째 미션 완료 도서상품권 주인은 따로 있었다. 독후감 대상 6학년 손녀 민주한테 주었다. 6학년 우주 4학년 동주 4학년 성주 3학년 민지 모두가 대상감이다. 많이 성장했다. 시간과 노력이 쌓인 결과다. 몇 개월 동안 일기를 보낸다는 것은 대단한 결심이며 노력이다. 며느리들의 수고가 더 크다. 인정한다. "어머님 고맙습니다", "우리 애들도 작가가 꿈이랍니다." 꼭 듣고 싶은 말이다. 믿어주고 따라주는 며느리들 스승이며 작가다. 마음을 다하여 곁에서 지켜보고 글을 쓸 수 있도록 도움 주는 식구들 보람 있다. 아이들의 글을 보면서 '어른들 글쓰기' 등록 참 잘했구나 싶다. 손주들과의 소통이 입학식 날 선생님을 꿈꾸었던 꿈을 실현했다. 아이들에게 꿈을 심어주고 새로운 발자국을 남길 수 있어 감회가 새롭다. 글쓰기 만만찮지만 즐겁다. 나의 보폭대로 호흡에 맞춰 느리지만 방향은 뚜렷하다. 확실하게 무겁게 나만의 발자국을 남기고 싶다. 글쓰기는 노년의 꿈을 갖게 하는 혼자서도 할 수 있는 무한 가능성의 놀이다. 눈이 아파 글을 못 본다. 책만 보면 잠이 온다. 그러나 책 읽기 글쓰기 훈련은 건강도 되찾고 어두침침한 시력도 조금씩 회복되는 것이 요즘 건강 비결이다. 눈동자도 맑아졌다. 글쓰기 책 읽기 혼자가 아닌 더불어서 함께하는 비법이다. '좋아하는 일을 하다 보면 잘하게 된다. 잘하는 일을 하다 보면 좋아하게 된다. 지식은 재료를 모으는 것이고 지혜는 재료를 가공하는 것이다'라는 코치 선생님의 강의가 새겨진다. 읽고 쓰고 반복하는 훈련 바쁘다. 죽을 날도 없다. 욕심이 생긴다. 건강나이 89세 기대 수명 89세 할 일이 많아 10년 아니 20년 더 살아야겠다. 우리 꿈나무들이 작가가 되는 모습을 보고 싶다.

결혼하여 남편 퇴직하기까지 인생 전반부라면 형부의 "처제면 되지" 인정하는 한마디 말로 백세시대 제2의 인생 후반부 청사진이 펼쳐지게 되었다. 태어나 초중고를 거쳐 22살 결혼 남편 따라 예천 대구 서울. 분당 37년 타향살이 청산. 2007. 고향 밀양에서 새로운 둥지를 틀게 됐다. 그것도 임대사업 대표 자리로 말이다. 형부와 언니의 전폭적인 지지와 도움 덕분이다. 남편 공직 때는 언감생심 시간과 경제적인 문제로 취미생활는 꿈도 꾸지 못했다. 내 고향 밀양은 교육과 문화 도시다. 복지센터, 시립도서관, 여성회관, 문화원, 각 동사무소, 재생센터 등 배울 곳이 많다. 무료로 하는 곳도 있고 과목 당 만원이면 수십 가지 취미 활동할 수 있다. 밀양시의 시스템에 고마움을 느낀다. 흐르는 물은 썩지 않는다. 나의 신조이자 가치관이다. 배움은 공평하게 주어진다. 내 것으로 만드는 것이 기회다. 매일 읽고 쓰고 몰입으로 성장한다. 보고 듣고 느낀 만큼 글감이 쌓인다. 손주들이 어디에 살든 글쓰기 온라인 강좌 함께 듣고 싶다. 전자책 종이책 넘나드는 작가를 기대한다. 마지막 소원이 있다면 아프지 않고 책을 집필하다 책상 앞에서 조용히 웰다잉하는 것이다.

  손주들에게 '글 쓰는 할머니'로 어두운 밤하늘 한 알의 별이 되어 그리움의 상징이 되고 싶다.

4-4.
죽었나? 살았나?

김정숙

    부모님이 바빴던 탓에 우리 삼 남매는 할머니 손에 자랐다. 할머니는 연세가 많았지만 언제나 유머와 위트로 우리 곁을 따뜻하게 채워주었다. 친정 들를 때면 할머니는 늘 새 밥을 지어 주었다. 밥솥에 감자 한 알과 멸치 풋고추 넣고 된장을 함께 쪄 주던 정성은 지금도 생생하다. 뚜껑을 열면 구수한 된장 냄새가 퍼졌다. 할머니는 감자를 툭툭 으깨 깻잎이나 방앗잎을 송송 썰어 넣어 주었다. 찐된장은 피로를 단숨에 녹여내는 세상 어디에도 없는 반찬이었다. 임신 중 입덧은 없었는데도 신기하게 밥솥에서 쪄낸 된장이 있어야 겨우 밥을 먹을 수 있었다. 결혼 후 무리한 직장생활과 육아가 겹친 탓인지 몸무게는 37kg까지 빠졌고 좀처럼 회복되지 않았다. 친정에서 잠시 눈을 감고 누워 있으면 할머니는 살며시 다가와 눈꺼풀을 조심스레 들어 올리곤 했다. "죽었나, 살았나." 뼈에 가죽만 남은 모습이 안쓰럽다며 걱정했다. 할머니는 아이 키우며 살림하고 직장 다니는 손녀딸이 못내 마음에 걸렸던 듯하다. 되도록 직장 일을 내려놓고 편히 살면 좋겠다고 자주 권했다. 늘 손녀를 걱정했다. 그래서였을까. 증손녀들까지 마다하지 않고 돌봐주었다. 아이들은 할머니를 '허리 할머니'라 부르며 유난히 잘 따랐다. 딸아이가 어느 날 죽그릇 가장자리를 조심스럽게 떠먹는 모습이 기특해 물었더니 할머니가 가르쳐 주었다고 했다. 순간 세대를 잇는 마음결이 조용히 전해지는 듯해 마음 뭉클해졌다.

용돈을 드리면 할머니는 받지 않았다. 병아리 같은 몸으로 번 돈을 어찌 받느냐며 봉투는 늘 내 가방 속 슬그머니 되돌아왔다. 맞벌이도 결국 인생 끝자락에서 재어보면 비슷하다며 욕심내지 말고 덜 벌어도 편히 살라고 했다. 할머니 정성은 옷가지 하나에도 스며있었다. 결혼 전 여름이면 모시 삼베 이불 베개까지 직접 풀을 먹여 다림질해 주었다. 사각거리는 감촉 속에서 편히 잠들 수 있었다. 아직도 여름옷은 풀을 먹여 입는 것을 즐긴다. 피부가 따끔거릴 때도 있지만 까슬한 촉감이 좋다. 그렇게 다정하게 삶을 짜맞춰 주시던 할머니는 봄꽃이 피기 시작하던 3월. 오순도순 재미나게 잘 살라는 말씀을 남기며 마지막 손길을 뿌리쳤다. 다음 날 89세를 일기로 세상을 떠나셨다. 마치 떠날 날 미리 아시기라도 한 듯 너무나 평온하신 모습이었다.

결혼과 동시 시작된 직장생활은 생각보다 훨씬 무거운 현실이었다. 발령과 함께 맞이한 갑작스러운 환경 변화는 몸 마음이 견디기 힘들었던 모양이다. 근무 5년쯤 되던 해 건강은 한계에 다다랐고 퇴직을 고민했다. 그때 한 선배의 따끔한 충고가 정신을 번쩍 들게 했다. 긴 병 끝에 효자 없듯 아무리 좋은 남편도 아내가 자주 아프면 지치게 마련이라며 약값이라도 벌러 다니라는 것이었다. 아프면 내 자리가 무너지듯 가족의 중심도 흔들릴 수 있다는 자각이 들었다. 그때부터 건강을 되찾기 위해 식습관을 바꾸고 여름방학마다 단식하기도 했다. 단식 이후 길고 조심스러운 보식을 해야 했기에 감잎차와 소박한 도시락 들고 다니며 불편함을 감수했다. 건강은 서서히 되살아나는 듯했고 몸무게는 늘지 않았다. 선배는 건강한 모습으로 정년퇴직하여 새롭게 삶을 펼치고 있다. 선배 충언이 나를 지탱하는 하나의 다리 역할이 되었다.

근무 10년 차 임파선 문제로 세 번째 재발 진단을 받고 수술대에 올랐다. 수술 이후 한쪽 성대가 마비되어 목소리를 잃었다. 그 후 한동안 마이크는 필수품이 되었다. 수술 앞두고 평생 처음으로 간절하게 기도라는 것도 해 보았다. 신이 계신다면 아이들이 고등학교 졸업할 때까지만이라도 살게 해달라고 빌었다. 그때쯤이면 아이들이 스스로 앞가림할 수 있으리라 믿었다. 기도가 통했는지 아이들이 대학 졸업하고도 여태 건강하게 살아 있다. 건강 회복을 위해 퇴직 대신 휴직을 했다. 숨이 차서 계단 몇 개조차 오르기 버거운 날이 이어졌지만 살아 있음에 감사하며 한 걸음씩 걸었다. 걷는 것 말하는 것도 기적이었다.

퇴원하던 날 시어머니는 경상대병원 입원 중이었다. 시어머니 있는 병원으로 갈까 집으로 갈까 망설였다. 결국 집으로 향했다.

쉬는 게 먼저였다. 씻고 잠깐 눈을 붙인 사이 시어머니가 큰 방을 조용히 둘러보고 나가는 꿈을 꾸었다. 곧이어 걸려 온 전화는 시어머니 별세 소식이었다. 마치 막내며느리 퇴원을 기다리기라도 한 듯한 타이밍이었다. 장례를 마친 후 시어머니는 꿈에 다시 나타났다. 좋은 곳으로 가려 하니 절을 많이 해달라고 했다. 강을 건너는 사람들 가운데 시어머니는 춥다며 강을 못 건너가고 돌 위에 앉아 있었다. 너무도 생생해서 문외한이던 절을 찾아 무작정 절을 하기 시작했다. 휴직 내내 매일 절을 하며 몸과 마음을 정돈했다. 놀랍게도 수술 후 후유증으로 고생하던 어깨 통증이 어느 날 거짓말처럼 사라졌다. 그 순간을 기적이라 믿는다. 절하기와 식이요법 그리고 뒷산 산책은 내 몸과 정신을 일으켜 세우는 의지가 되었다. 덕분에 건강을 되찾고 복직에 성공할 수 있었다. 목소리는 완전히 돌아오지 않았지만 지금 이만큼 회복된 것에 감사한 일이다. 세 번째 재발 이후 삶은 하루하루 보너스처럼 여겨졌다.

근무 30년 차 되던 해 또 한 번 위기가 왔다. 갑작스레 세상을 떠난 친정아버지 생각하며 무기력에 빠졌고 1년간 자율연수를 했다. 명예퇴직을 마음에 두고 신청 안내가 오면 알려달라 했다. 상반기 신청은 이미 마감된 상태였다. 교감 선생님은 복직을 권하며 '봉사'라고 생각해 보라 했다. 그 말에 이상하게 마음에 온기가 돌았다. 그렇게 다시 교문을 들어섰다. 모든 것이 달랐다. 낯선 곳을 떠돌아다니다 따뜻한 집으로 돌아온 듯한 안도감이 돌았다. 아이들 한 명 한 명 그저 소중하고 이쁠 수가 없다. 학교 운동장 모래알, 화단에 핀 붉은 영산홍, 장미꽃, 아이들이 키우는 텃밭 모두 반갑고 정겨웠다. 공간 하나하나 마음이 스며 들었다. 그 모든 인연 중심에는 김정혜 교장선생님과 김희정 교감선생님이 있었다. 복직 후 적응할 수 있도록 진심으로 응원해 주고 용기를 북돋워 주었다. 덕분에 다시 돌아와 삶의 의미를 새로이 찾아가고 있다. 다시 돌아오지 않았다면 이른 아침 눈뜨는 설렘을 모를 일이다.

이제는 직장에서 아름다운 마무리와 새로운 시작을 준비할 때이다. 천천히 다음 삶을 위해 준비하는 시간을 마련할 수 있음이 얼마나 감사한 일인지 모른다. 지나온 모든 우여곡절이 바로 이 설레는 오늘을 위한 발판이었다는 사실을 아는 순간이다. 어려운 고비를 넘길 때마다 귀인으로 나타나 충고해 주고 용기를 주었던 분들 덕분에 여기까지 참 잘 해왔다. 할머니가 "죽었나, 살았나" 할 만큼 아슬아슬한 삶이었지만 몸은 야위어도 마음은 어느 때보다 풍요롭고 건강에 감사하다.

글을 쓰려고 보니 살아온 날이 많음에도 특별한 일이 기억나지 않았다. 매일 학교와 집을 오가는 반복되는 생활에 단조롭기만 한 삶이라 여겼다. 글감을 찾다 보니 지난 일들이 조금씩 생각났다. 수다를 글로 늘어놓으며 스스로 위로하게 되고 고마움도 알게 되었다. 고된 시간 지나오며 삶의 속도는 자연스레 느리지만 그 느림 속에 더 깊이 바라볼 수 있는 시야가 생겼다. 한때는 당연하게 여겼던 일상이 이제는 얼마나 귀한 것인지 새삼 느낀다. 아침 햇살이 창가를 스치는 순간 아이들이 건네는 인사 한마디. 동료와 함께 나누는 짧은 대화조차도 마음 깊숙이 스며든다. 누군가 사소하다고 여길지 몰라도 나에게는 삶의 가치를 일깨우는 조용한 선물들이다. 조금 덜 완벽해도 괜찮다는 걸 때로는 멈추는 용기도 필요하다는 걸 배웠다. 앞으로의 시간은 무언가를 이루기보다 자신을 더 이해하고 돌보는 시간이 되었으면 좋겠다.

4-5.
단단함은 살아가는 힘이다

문현순

초등학교 4학년 겨울방학 때다. 엄마는 동네 김 공장에서 하루 12시간씩 일했다. 그날 엄마는 아프다며 머리에 수건을 두르고 종일 누워있었다. 해 질 녘이 되자 일하러 가겠다고 옷을 입었다. 옷을 입는 엄마가 휘청했다. 힘없는 목소리로 앓는 소리가 들렸다. 엄마가 죽을 것 같았다. 가지 말라고 붙잡았다. 하루라도 안 가면 다른 사람에게 일자리를 뺏긴다고 했다. 내가 엄마 대신 일하고 오겠다고 겨우 설득하고 공장으로 갔다. 공장 사장님께 엄마가 매우 아파 못 오니 엄마 대신 일하도록 해주라고 호소했다. 사장님은 어린 네가 할 수 있는 일이 없다. 그것도 밤새 하는 것은 더더욱 안 된다면서 어서 집에 가라고 했다. 물러서지 않고 "저 숫자 잘 세요. 김 100장을 다발로 묶는 것은 할 수 있어요." 하며 사장님을 설득했다. 나의 집요함에 허락해 주셨다. 그날 저녁 7시부터 다음 날 아침 7시까지 김 100장 묶는 일을 했다. 졸지 않고 해냈다. 일을 마친 후 우리 엄마 계속 일할 수 있냐고 물었다. 사장님은 그러라며 웃으셨다. 그리고 김 가루가 담긴 커다란 비닐봉지를 주셨다. 내 몸집보다 큰 선물을 머리에 이고 집으로 가는 10분간 세상을 다 가진 기분이었다. 엄마 일자리도 뺏기지 않았고, 평소 비싸서 사 먹지 못한 김 가루를 받았으니까. 김 가루를 볶아 부모님과 동생들이랑 먹을 생각에 가슴이 뛰었다.

산업체 고등학교 졸업을 앞두고 담임 선생님께서 부르셨다. 어느 대학에 원서 쓸 것인지 물었다. 선생님이 지켜보니 급우들을 잘 돕는 장점으로 간호사 공부를 해보라고 권했다. 학비가 부담되면 한 학기 등록금을 지원해 주겠노라 말씀하셨다. 나는 대학보다 돈을 벌어 아버지께 보내 드려야 된다며 거절했다. 공부는 계속해야 한다는 선생님 말씀 깊이 새기겠다고 답했다. 언젠가는 꼭 대학에 가겠으니 지켜봐 달라고 말했다. 그 약속을 가슴에 새긴 지 20년 후 사회복지학 학위, 상담심리학 석사 졸업하여 약속을 지켰다.

내 나이 40세. 지역아동센터를 운영하는 친구로부터 센터에서 학생들 공부 좀 봐달라고 했다. 가르치고 남 도와주는 것을 좋아한 나는 자원봉사를 시작했다. 자원봉사 한 지 한 달째 영어 선생님이 내게 권했다. 직업상담사 자격증이 있는데 여성에게 적합한 유망 직업이니 공부해 보라고 권했다. 자신은 2년간 공부했어도 자격증 취득에 실패했다고 했다. 유망하고 전문자격증인데 취득이 힘들다는 점에 매료되어 공부하고 싶었다. 곧바로 책을 사고 밤잠을 줄

여가며 공부했다. 1차 이론과 2차 실습에 합격하여 5개월 만에 자격증을 취득했다. 자격증만 취득하면 취업할 수 있을 줄 알았다. 그러나 현실은 경력자만 찾고 있었다. 신입 일자리에 지원했더니 1차 면접에 합격했다. 2차 면접에서 6개월 경력 있는 30대 지원자와 경쟁했다. 나이도 많고 경력도 없는 내가 아닌 경쟁자가 합격이라고 면접 결과를 들었다. 최종인사권자에게 경력 쌓은 후 지원하겠으니 면접 기회를 주라고 얘기하고 면접장을 나왔다. 이후 고용센터에서 6개월간 무료 자원봉사로 경력을 만들었다. 서류 분류 작업이 쉬운데도 주무관들이 꺼리는 내일배움카드 미발급 사유를 통지하는 민원 업무를 자청했다. 열심히 하는 나를 보고 10살 어린 자원봉사자가 말했다. "언니, 열심히 할 필요 없으니 대충 시간 채우고 가시게요"라며 나를 훈계하기도 했다. 자원봉사 경력으로 6개월 전 최종 면접에서 떨어진 곳에 지원하여 직업상담사로 취업에 성공했다. 직업상담사가 되어 경력 단절 여성 취업 지원부터 대학생 취업 지원 서비스 등 다양한 업무를 수행했다. 15년 동안 직업상담 전문가로 사명감과 경제적 충족까지 채우고 의미 있는 나날을 살고 있다.

6시간 취업 강의를 마친 후 프로그램 운영자에게 들었다. 내 강의는 힘이 있단다. 전문성을 요구하는 직업이라 꾸준히 학습하고 연구하지 않으면 안 된다. 모르는 것은 인정한다. 알기 위해 관련 정보를 찾는다. 먼저 학습하여 적용한다. 취약계층 직업상담에서도 어떻게 하면 그들에게 도움이 될 수 있을까 연구하고 상담한다.

나와 상담을 통해 새로운 직업에 성공적으로 안착하는 사람들을 볼 때 의미 있고 뿌듯하다. 나를 만나는 사람들에게 다시 할 수 있다는 희망을 주기 위해 긍정 에너지를 보낸다. 누구나 취업 걸림돌이 있다. 경력이 부족해서, 나이가 많아서, 몸이 아파서 등 기초적인 취업 걸림돌이 있다. 대부분사람들은 하고 싶은 것을 할지, 잘하는 것을 할지 등 잘 몰라서 진로 결정에 어려움을 겪는다. 15년간 2,800건 이상 상담한 경험자가 말한다. 어떤 전문가를 만나느냐에 따라 미래가 달라지는 것은 자명하다. 어제 한 전화상담에서 51세에 자격증 취득하고 일자리를 찾는 훈련생이 말했다. 지원하려는 저보다 더 열심히 준비하는 선생님을 보니 저도 더 노력하고 싶어진다고. 대충 직장 다니려는 경력자보다 뚜렷한 각오와 간절함을 어필하라고 피드백했다. 지원자의 강점인 책임감, 배려, 성실하게 배우겠다는 태도를 보이면 승산이 있다고 독려했다. 훈련생은 떨어지더라도 후회가 남지 않도록 준비해 보겠다고 각오를 밝혔다.

직업상담사 자원봉사자로 15년 전 만난 2살 어린 그녀. 최근 전문대학에서 10년간 직업상담사 경력을 이어오다 계약 만료로 그만두었다. 소속감과 안정을 중시하고 그녀는 주어진 일에 최선을 다했음에도 그만두는 상황이 안타까웠다. 몇 군데 일자리 탐색에서 어디로 지원할지 물어왔다. 현재 상황에 맞춘 선택보다 미래에 후회가 덜 남는 것을 선택하자며 독려했다. 직무 적응보다 인간관계로 힘들어하는 그녀다. "늘 어려운 결정할 때마다 언니가 이끌어주어 너무 감사해요. 언니는 내 롤모델이에요." 한다. 직업상담사 양성 과정 강의에서 학원생들도 말한다. 멘토가 되어 달라고. 전문가로의 성장을 위한 세부 프로세스를 그들에게 전수한다. 직업상담 전문가로 성장하기 위해 15년 전 나에게 다짐했다. 회사에서 지원해 주는 1년 30만원 교육비 외에 사비로 1년 100만원 교육비에 꼭 쓰겠다 한 약속을 15년간 실천했다.

일에서의 성취감과 사명감이 충족되고 있는 현재다. 필요한 정보와 새로운 정보를 찾는다. 찾아서 알게 된 정보를 요청하는 타인에게 아낌없이 내어준다. 과거는 물론 지금도 최선을 더하니 미래가 더 기대되고 기다려진다. 내 나이 75살의 어느 한 날을 상상해 본다. 멋진 할머니가 되었다. 파스 냄새와 입냄새 없이 손주들과 맛있는 음식을 먹고 잘 놀아준다. 손주들을 많이 웃게 해준다. 전문가로 일하는 멋진 할머니다. 상상한 모습을 만나기 위해 지금도 노력 중이다. 나만의 방식으로 방향과 속도에 맞춰서 나아가고 있다. 강의안을 만드는 내 등 뒤에서 어깨를 주물러주는 아들이 응원한다. 엄마 파이팅~!

쉬어가면서 하라고 덤덤하게 표현하는 딸에게서도 힘을 얻는다. 3년 전부터 시작한 점핑 운동. 1일 200개 스쿼트. 1주일 2회 이상의 등산을 하는 나는 현재를 살고 미래를 준비한다. 과거에서 다져진 단단함으로 삶의 굴곡을 이겨낸 오늘이 가장 아름다운 나다. 경제적으로 충족되지 않은 어린 시절부터 할 수 있다는 마인드로 살아왔다. 여러 선택의 길에서 내가 선택한 길이 누군가가 지나간 길일 수도 있다고 생각된다. 누군가는 실패했던 길일 수도 있을 것이다. 삶의 이정표에서 내가 원하고 끌리면 도전했고 해냈다. 8번 이상 바꾼 직업에서 찾았다. 직업인으로 상담사, 강사, 재직 직업상담사 코치, 채용 심사 위원의 길을 가고 있다. 일반인으로 엄마, 아내, 딸, 며느리, 친구로 살아가는 길이다. 지금도 아름답지만, 앞으로가 더 아름다울 미래는 작가로의 삶을 더하려 한다. 사람들에게 도움이 되는 작가로의 삶도 기대된다. 56년 지금까지 참 잘 살아왔다.

4-6.
나답게 살자

박은경

2024년 8월 나는 교직 생활 39년 6개월을 마무리하고 정년퇴직했다. 20대 시절 정년퇴직이라는 말은 먼 미래의 이야기 같았다. 당시 입사 동기들은 결혼과 동시에 남편의 근무지를 따라 하나둘씩 학교를 떠났다. 나 또한 사표를 내고 싶었던 순간이 많았다. 주말에만 얼굴을 보는 아들은 아빠의 사랑에 늘 목말라했다. 남편에게도 아내의 내조가 필요하다고 느꼈기 때문이다. 그때마다 나를 붙잡아 준 사람은 엄마였다. "아내이자 엄마로서의 삶도 중요하지만 교육자로서의 길도 보람 있고 뜻깊단다. 엄마는 평생 교단에 한 번만 서 봐도 소원이 없겠다. 네가 힘들면 내가 힘이 되어 줄게." 엄마의 그 말은 언제나 큰 위로이자 격려였다.

강원도에서 근무하던 시절엔 대구에서 서울 서울에서 속초로 이동해야 했다. 비행기 환승을 해야 했다. 다시 시외버스를 갈아타고

1시간을 더 가야 집에 도착할 수 있었다. 기억에 남는 날이 있다. 서울에서 속초행 비행기를 타려던 날 기상 악화로 비행기가 결항되었다. 김포공항에서 동서울터미널로 이동한 뒤 속초행 고속버스를 탔다. 다시 시외버스로 갈아타 밤늦게 간성에 도착했다. 졸린 아이들을 달래가며 업고 걷는 그 길이 얼마나 힘들었던지 지금도 생생하다. 언니는 그런 나를 보며 "번 돈 다 길에 뿌린다"며 이해하지 못했다, 나는 가족을 최소한 일주일에 한 번은 봐야 한다는 신념으로 움직였다. 힘들었지만 여행이라고 생각하며 즐겁게 다녔다. 그렇게 어느새 20년이 흘렀다.

딸과 아들이 대학생이던 2013년 1월 우리 셋은 20일간 이탈리아를 여행했다. 출발 이틀 전 나도 동행하기로 했다. 여행계획은 아이들이 모두 세웠다. 어리게만 보였던 아이들이 엄마를 챙기고 이끌어 주는 모습에 감동받았다. 패키지여행에서는 느낄 수 없는 이탈리아의 진짜 매력을 오롯이 경험할 수 있었다. 나폴리에서 시작해 포지타노 소렌토 바티칸(로마) 피렌체 베로나 밀라노까지 남부에서 북부를 두루 둘러보았다. 특히 소렌토에선 아파트먼트 호텔에 머물렀다. 근처 마트에서 토마토와 스파게티 재료를 사와 직접 요리를 해 먹었다. 그때 내가 만든 스파게티 맛을 아들은 아직도 잊지 못한다고 한다. 다시는 돌아갈 수 없는 소박하지만 오래도록 마음에 남는 시간이다.

나는 불교 신자다. 어릴 적 엄마 손을 잡고 절에 다녔다. 결혼을 앞두고는 엄마가 다니던 절에서 100일 기도를 올렸다. 회향일에 지금의 남편을 만나 결혼에 이르렀다.

　2007년 딸이 고3이 되자 다시 법당문을 두드렸다. 새벽 4시부터 6시까지 기도 후 출근했다. 아침을 준비해 주던 엄마의 도움으로 가능했다. 그렇게 2012년까지 새벽 기도를 이어갔다. 108배는 내 몸과 마음을 더욱 단단하게 만들었다. 과민성 대장염이 사라졌다. 그해 여름 '한가지 소원은 꼭 이루어진다'는 설악산 봉정암을 찾았다. 간절한 소원을 품고 기도책과 미역 오이 공양물이 든 무거운 배낭을 메었다. 무더위 속 사찰 순례의 첫발을 내디뎠다. 출발 1시간 후 영시암을 지났다. 땀이 비오듯 흐르고 숨이 차오르더니 결국 길가에 쓰러졌다. 함께 오르던 낯선 분의 응급처치 덕분에 다시 일어설 수 있었다. 땀이 뒤범벅되어 6시간 만에 봉정암에 도착했다. 살아서 오른 것이 기적이었다. 밥 말은 미역국과 오이로 먹은 한끼는 세상 무엇보다 귀한 음식이었다. 얼음같이 찬물로 씻었다. 정신이 번쩍 들었다. 철야기도를 드리며 부처님께 깊은 감사의 마음을 올렸다. 이후 봉정암을 일곱 번 더 찾았다. 철야기도를 했다. 부처님 사리 탑전에서 3000배를 올렸다. 기도는 나 자신을 마주하는 시간이었다. 절은 마음을 내려놓는 연습이다. 봉정함은 내 마음 깊은 곳에 여전히 살아 있다,

　선조스님과의 인연으로 법왕회 사찰 순례에 함께하며 불심의 끈을 이어왔다. 엄마의 49재를 계기로 종교활동에 더 마음을 쏟게 되었다. 지금은 지관스님의 지지로 불교의 마음공부를 시작했다. 기도하는 하루하루가 감사로 채워진다.

　아직 마무리 못 한 숙제가 있다. 딸의 결혼이다. 딸은 지금껏 일

과 공부에 집중하여 대학병원 교수가 되었다. 장녀로서 책임감도 강하다. 요즘은 내가 힘들 때 딸이 나를 위로해 주며 상담해 준다. 나도 모르게 딸에게 의존하는 시간이 많아졌다. 더 이상 부모에 대한 무게를 딸에게 짊어지게 하고 싶지 않다. 올해는 꼭 좋은 인연을 만나 결혼하기를 기도한다.

교직은 내게 천직이었다. 아무리 힘들어도 아이들과 수업을 하면 다시 힘이 솟았다. 이런 성향을 물려준 부모님께 늘 감사한 마음이다. 2016년 부장 교사로 처음 행정 업무를 맡게 되었다. 교감을 거쳐 교장으로 정년퇴임 했다. 이 모든 여정의 일등 공신은 단연 친정엄마였다. 그리고 언제나 든든하게 곁을 지켜준 남편과 아이들이다. 사표를 내고 싶은 순간마다 엄마는 아이들을 보살펴 주었다. 덕분에 일에 더욱 전념할 수 있었다.

올해 2월 퇴직을 기념해 1박 2일 강화도 여행을 다녀왔다. 함께한 이들은 교직 초년 시절 가르쳤던 제자들이다. 모두 쉰을 넘긴 중년이 되어 인생 이야기를 주고받을 수 있는 친구 같은 존재가 되었다. 그들과 함께 웃고 추억을 나누는 시간은 교사로 살아온 내 삶에 깊은 보람을 안겨주었다. "선생님 덕분에 지금의 제가 있어요." 그 말 한마디면 참았던 눈물이 터질 것처럼 마음이 벅차오른다. 지난 시간의 모든 수고가 보상받는 듯하다. 수 많은 날들 속에서 지치고 흔들릴 때도 있었지만 교직이 나에게 준 가장 큰 선물은 이렇게 마음을 이어주는 인연이었다. 아이들이 성장해 나처럼 누군가의 삶에 빛이 되어줄 때 그 시작에 내가 있었다는 사실만으로도 충분히 행복하다. 세월이 흘러도 잊지 않고 찾아주는 제자들 그 인연이 있어 나는 참 감사하다.

퇴직 후 가장 하고 싶었던 일은 엄마와의 여행이었다. 엄마는 나를 기다려주지 않았다. 정년을 6개월 앞두고 이 세상을 떠났다. 코로나로 미룬 여행, 못다 한 이야기들이 아쉬움으로 남았다. 엄마와의 마지막 여행은 2018년 경주 힐튼호텔에서의 하룻밤이다. 좋아하던 둘째 오빠 그리고 딸과 함께였다. 호캉스를 즐기며 웃으시던 엄마의 얼굴은 아직도 내 카카오톡 프로필사진 속에 있다. 영원할 줄 알았던 엄마와의 시간은 그렇게 한 장의 사진으로 남았다. 퇴직을 맞이한 나는 계획도 목표도 없이 그저 쉬고 싶었다. 쉼 없이 달려온 40년의 시간을 내려놓고 처음으로 나를 위한 시간을 가졌다. 가족과 함께한 제주 여행, 못 만났던 친구들과의 따뜻한 대화, 입덧하는 며느리를 위해 반찬을 만들고 바쁜 딸을 위한 집밥을 해주던 날들이 소중했다. 그리고 그 일상 속에서 나는 어느새 엄마를 닮아 가고 있었다.

지난 5월 우리는 미국 서부로 여행을 떠났다. '가족의 변화를 느끼며 세월을 돌아보는 시간'이었다. 딸은 여행을 기획하고 아들은 세부 일정을 계획했다. 아들은 운전을 맡고 딸은 옆에서 구글 지도로 길을 안내하며 완벽한 호흡을 보여줬다. 아침 8시부터 늦은 밤까지 하루 2만 보를 걷는 강행군이었다. 이상하게도 피곤하지 않았다. 오히려 마음이 가벼웠다. 모든 걸 아이들이 책임지고 이끌어 주는 여행은 처음이었다.

30년 전 유럽여행이 떠올랐다. 뒷좌석에 앉아 졸리고 배고프다며 투정을 부리던 아이들이었다. 이제는 앞자리에 앉아 가족을 이끄는 든든한 여행 파트너가 되어 있었다. 남편과 나는 아이들을 따라가며 풍경을 즐겼다. 함께 웃고 때로는 말없이 감탄하면 되었다. 우리가 아이들에게서 점점 앞자리를 내어주고 있다. 그게 자연스럽고도 감사한 일임을 실감했다. 우리는 약 4만 킬로미터를 달리며 미국 서부의 광활한 대지를 누볐다. 잊지 못할 순간은 요세미티 국립공원에서의 하룻밤이었다. 빛 하나 없는 밤 고요한 산속 무수한 별들이 쏟아질 듯 눈앞에 펼쳐졌다. 평화로운 밤이었다. 그 별빛 아래서 우리는 서로 말없이 누워 자연이 주는 위로 속에 조용히 잠겼다. 새롭게 충전되는 기분이 들었다.

이번 여행은 단순한 관광이 아니었다. 인생의 또 다른 전환점을 가족 모두가 함께 통과한 순간이었다. 아이들은 이제 든든한 동반자가 되었다. 우리는 그 여정을 따라가며 진짜 '쉼'을 배웠다.

이제는 나를 위해 더 많은 시간을 쓰기로 했다. 시간에 쫓기지 않고 마음 편히 여행할 수 있다는 것이 얼마나 큰 축복인지 모른다. 건강을 잘 챙기고 좋아하는 글을 쓰고 가고 싶은 곳을 찾아 떠나며 때로는 맛있는 음식을 즐긴다. 그리고 손주의 재롱에 미소 짓는 날이면 하루가 선물처럼 느껴질 것이다.

60대 중반의 지금 나는 내 인생의 두 번째 봄을 맞이하고 있다. 천천히 그러나 단단하게 내 안의 나를 더 깊이 들여다보며 오롯이 나를 위한 시간을 살아가려 한다.

4-7.
번데기 나비되어 날다

신미앵

　시청각 자료 슬라이드로 본 나비의 꿈이 생각난다. 못생긴 번데기의 모습이 아픈 허물을 벗어가며 예쁜 날개를 가진 나비가 되어 세상을 향해 날아가는 내용이었다.

　고등학교 시절 좋아하는 시 베껴 쓰기 한 노트 지금도 간직하고 있다. 로버트 프로스트의 [가지 않은 길]과 나비의 꿈을 연결하여 생각한다. 나의 선택에 따라 달라진 환경들이 번데기와 같은 현실이 연이어 일어나도록 허물 벗는 과정이다. 그 허물이 내가 나비가 되어 날 수 있는 영양분이 되고 있다.

　태어나서 60년 지나온 세월을 돌아보니 어떻게 이 길을 걸어왔는지 놀란다. 어느 순간은 숨을 쉴 수 없을 만큼 힘들다 하여도 지금 여기 살아 있는 모습이 기적과도 같다. 어려움 앞에서 생명보다 소중한 것은 없다. 계속 혼잣말로 나를 독려했다. 내게 생명이 존재하고 있으니 난 이미 성공한 삶이다. 살아 있다는 것은 제일 1위 성공의 자리에 있다. 할 수 있다는 마음을 다시 먹는 순간 이미 이루어 가고 있다. 마음은 몸을 움직이기 시작한다. 어려운 환경이었지만 마음에 품은 생각은 꿈을 이룰 수 있는 곳으로 데려간다. 나는 그것을 하느님의 인도하심과 보살핌이라는 믿음을 간직하며 살고 있다.

고등학교 졸업하고 대학교 진학에 대한 열망이 있었다. 대학교 입학을 여러 차례 시도했다. 공부를 이어가기가 쉽지 않았다. 여상을 졸업하고 바로 취업해야 했다. 야간 대학, 방송통신대학 입학을 했지만 중도에 포기하고 말았다. 두 가지 일을 집중하지 못했다. 공부하고 싶은 열망은 50대가 되어도 기회 되면 언제라도 시작해야지 하는 마음이었다. 가톨릭 신학원에서 배우고 싶은 과정이 있었다. 조건이 대학교 과정을 이수해야만 들을 수 있었다. 기회가 왔다고 생각했다. 이왕 대학교 과정을 배우려면 내가 종사하는 업무와 연계된 학과가 좋겠다고 선택했다. 실무와 연계된 공부라 재미가 있었다. 업무를 마치고 3시간 걸리는 거리 운전해서 수업 듣고 집에 오면 한밤중이 되었다. 그래도 하고 싶은 공부라서 신이 났다. 중간에 위기가 여러 차례 왔다. 계속 앞만 보고 달렸다. 포기하지 않으니 졸업하는 영광을 안았다. 졸업하는 날 나도 드디어 할 수 있다는 자신감이 생겼다.

작은딸이 결혼식을 했다. 이벤트가 곁들인 결혼식이라고 한다. 예전 우리 시대의 결혼식 분위기와는 다르다. 나의 결혼식 사진이 먼저 올라오고 남편과 내가 손을 잡고 입장하라는 주문을 한다.

내가 먼저 갔던 길을 딸이 다시 이어서 가고 있다. 38년의 세월이 주마등처럼 지나간다. 딸의 모습을 보니 눈시울이 뜨거워져 볼 위로 눈물이 흘러내린다. 잘 하지 않는 화장이 어색했는데 지워지듯이 흐른다. 손수건을 준비하지 않아 하얀 장갑에 화장품이 묻어난다. 여기까지 오는 일들이 주마등처럼 스치고 지나간다. 남편은 생과 사의 위기에서도 잘 견디어 왔다. 남편이 딸의 든든한 울타리가 되어주고 있다. 딸에게 덕담을 건넨다. 시련이 안 오면 좋겠지만 오더라도 잘 껴안고 극복하면 삶의 디딤돌이 된다고 알려 준다.

내게 주어지는 여러 가지 사건들이 하느님의 선물이라고 생각한다. 2024년도는 가장 잊지 못할 해이다. 의사결정을 할 때 나의 의지를 드러내지 못하고 거의 수동적인 상태로 살아왔던 적이 많았다. 누군가 선의라고 생각하면 반대의견을 생각하지 않고 그대로 믿는 경우가 많다. 형제와 협력하여 선을 이룬다는 마음으로 같이 이루어 가던 일이 있었다. 그 형제의 지인 방문을 받고 전혀 예상하지 못했던 이야기를 들었다. 귀로 들은 사연을 감당하기 힘든 순간이었다. 며칠을 꼬박 누워서 앓았다. 열이 오르내리는 상황과 다친 마음을 회복하는 시간을 견디어 냈다. 다시 일어나서 결심했다. 나의 마음에서 내가 주인공인 삶을 살도록 다시 설계해야겠다. 깨달음을 얻는데 너무 많은 수업료를 부담하며 여기까지 왔다.

나의 잘못이다. 다시 이와 같은 실패를 겪지 말아야겠다.

나의 새길을 찾았다. 글쓰기였다. 헛되이 시간을 보내던 일을 정리할 수 있었다. 어떤 일은 갈피를 잡지 못하고 제자리 돌기 거듭하고 있었다. 과감한 결단은 정리가 되게 도와주고, 글을 쓰기 시작하니 내 모습이 보이기 시작했다. 배우고 익히면 또한 기쁘지 아니한가를 체험하는 지금이다. 일주일 동안 줌 수업이 2~3번 주어질 때는 따라가기 숨이 찰 경우도 있었지만, 해내고 나니 만족감이 주어진다. 21일의 챌린지를 통해 글쓰기 습관이 생기고 있다. 계속 이어지는 21일 챌린지는 글쓰기뿐만 아니라 나의 생활 전체의 변화를 주고 있음을 느낀다. 하기 싫어서 밀쳐 두었던 일을 다시 도전의 과제로 삼고 행하니 이루어진다. 변화는 99%의 의지와 1%의 행동이라고 할 만큼 의지와 행동의 결합이 중요하다.

이 과정을 지나면서 보니 책 읽기와 글쓰기 욕구가 내 안에서 자라고 있었음을 알았다. 작가라는 호칭이 낯설었으나, 좋은 작가가 되기 위해 길을 걸어 보자는 목표가 생겼다. 내가 좋은 인연을 만나서 여기에 왔다, 나도 좋은 인도자가 되어 길을 안내해 주자.

글쓰기를 하면서 기쁜 점은 내 주변의 일상을 소중하게 보는 시선이 길러진다. 터질 듯한 봉우리를 감추고 있는 빵빵한 호접란에 눈길이 간다. 부족한 수분 보충을 위해 정성스레 물 조리를 기울인다. 나의 가정도 잘 유지되고 있음에 감사하는 마음이다. 글쓰기 도중 방해하는 일이 잠시 있었다. 잘 극복하라는 뜻의 신호로 알아듣고 개의치 않고 다시 도전하며 쓰고 있다.

이젠 시련이나 고통은 피할 것이 아니라 극복의 대상이다. 그것들로 인해 내가 성장하고 있다. 성장의 거름이라고 생각한다. 새로 하는 일에 대한 두려움도 있다. 그러나 경험이 되어 실력을 갖추는 일이 된다고 확신한다. 나의 말소리에도 힘이 생겨난다. 알맞고 또렷한 음성 내기. 마음 거울 자주 들여다보기. 귀 주변으로 들리는 남의 소리 가려서 듣기. 마음의 평정심 유지하기 등의 결심도 한다.

글쓰기 하면서 또 하나의 변화는 일상의 불평불만이 조금씩 사라지고 있다. 모든 일이 글감이다. 사건이 생겨도 해결하는 방법을 글로써 표현할 수 있어서 감사하다. 글쓰기 하면서 인생의 목표도 다시 설정해 본다. 가족과 친구 좋아하는 사람들과의 여행을 경험하고 글쓰기로 표현하자. 여행의 기쁨과 즐거움, 새로운 곳에서의 만남, 그곳에서의 음식 생활 문화 언어에 관심 가지고 체험해 보길 꿈으로 적는다. 그리고 그것들을 나눌 때 나의 노년이 풍성해질 것이다. 너무 늦지 않아서 감사하다.

지도해 주시는 정원희 선생님을 만나게 된 일은 큰 행운이다. 함께 하는 언니들과 우리의 책이 나오는 날을 설레는 마음으로 기다린다.

초고를 내고 몇 차례의 퇴고를 진행하며 쉽지 않은 길이다. 배우면서 쌓아가는 글쓰기 과정으로 세상을 새롭게 눈 뜨는 나의 인생. 지금까지의 길이 번데기의 주름같이 굴곡져 있었다. 영양분이 많은 번데기의 주름이 내 삶의 자양분이 되게 날개를 펼치며 날아 보자. 나비가 되어보자. 눈부신 세상을 만나러 날아가자.

4-8.
삶의 유연함을 배우다

양정희

여행을 좋아하고 배우고 싶은 것이 많았다. 다리가 쌩쌩할 때 더 많은 곳으로 여행하고 싶었다.

교직 생활 34년, 정년까지 7년을 남겨두고 명예퇴직을 했다. 교장 선생님과 동료들은 아직 한창인데 벌써 그만두냐며 아쉬워했다. 하지만 나는 정년퇴직까지 있으면 너무 늦다는 생각이 들었다. 건강이 허락하지 않을 수 있다고 생각했다.

퇴직하자마자 바로 문화센터 봄학기 수업에 등록했다. 성인 발레 기초반과 수채화 반. 전에 학교에서 우연히 선배 선생님의 발레 하는 모습을 사진으로 본 적이 있다. 그 모습이 너무 우아하고 멋졌다. 그때부터 퇴직하면 제일 먼저 발레를 배우겠다고 마음먹었다. 근무하면서 방과 후에 짬짬이 그리던 수채화도 늘 아쉬움으로 남았었다. 발레와 그림 배우는 시간이 기다려지고 설렜다. 발레를 시작하고 다리 찢기 성공하기까지 3년이 걸렸다. 음악과 함께 하는 운동이 좋다. 수채화는 매년 연말, 회원들과 작은 공간을 빌려 전시회를 열었다. 코로나가 오면서 그만뒀던 수채화 공부도 계속하고 싶었다.

요즘은 일주일에 두 번씩 발레와 요가를 한다. 문화센터 수업이 없는 날은 근처 산이나 공원을 산책한다. 나이 들면서 운동은 밥 먹듯이 매일 해야 한다고 생각한다.

〈마흔에 읽는 쇼펜하우어〉라는 책에서 강용수는 "행복의 90퍼센트는 건강에 좌우된다."라고 했다. 행복의 첫째 조건으로 건강을 꼽았다. 건강을 희생하면서까지 다른 것들을 추구하는 것은 어리석다고 하는 그의 말에 공감한다. 건강이 있어야 다른 모든 것도 있다.

여행도 마찬가지다. 남미, 아이슬란드, 북유럽, 아프리카, 몽골 등. 여행하고 싶은 곳의 리스트를 만들었다. 퇴직 전에도 방학 때는 무조건 떠났다. 동유럽, 서유럽, 이집트, 모로코, 미국, 캐나다, 동남아 등 여러 나라를 다녀왔다. 퇴직 후 더 많은 곳을 여행하고 있다. 북유럽, 발칸의 여러 나라, 2019년 남미 21일, 아프리카 한 달, 중동 크루즈 여행, 몰타 한 달 살기까지. 지금도 어디로 떠나 볼까 꿍꿍이 중이다.

지인은 그 돈이면 빌딩 한 채는 샀을 거라고 말했다. 그 말에 나는 속으로 대답했다. 마음속에 빌딩을 세우고 있다고.

아침 7시 30분, 일주일에 네 번 영어 공부로 하루를 시작한다. 여행을 좋아하는 나는 늘 언어 때문에 소심해지곤 했다. 현지인들과 자연스럽게 스몰 토크를 나누고 싶었다. '해외에서 한 달 살기'는 오래전부터 마음속에 담아둔 버킷리스트였다.

'몰타 한 달 살기'를 망설이고 있던 나를 보고 남편이 말했다. 자기 자신만 생각하라고. 이런 기회 앞으로 다시 안 올 수도 있다고 했다. 그 말에 용기를 얻었다.

지난 12월 중순 지중해의 작은 섬나라 몰타로 생애 첫 시니어 어학연수를 떠났다. 오전에는 영어학원에서 수업을 듣고, 오후에는 몰타의 곳곳을 탐색하고 다녔다. 몰타 대학교에서 학식을 먹고 당구도 쳤다. 설렘 반, 두려움 반으로 시작한 낯선 도전이었다. 영어 프리토킹 시간, 머리로는 아는데 말이 안 나와 답답할 때가 많았다. 담임 선생님은 시간마다 짝지를 바꾸어 앉도록 했다. 덕분에 콜롬비아, 일본, 브라질 등 다양한 나라의 친구들과 대화를 나눌 수 있었다. 마트나 가게에 가면 그냥 물건만 사 오지 말고 직원에게 궁금한 것을 물어보라고 했다. 일상생활에서 자꾸 부딪쳐봐야 영어 말하기가 는다고 했다.

주에 한 번 정도 쪽지 뽑기를 한다. 선생님이 쪽지를 들고 교실을 한 바퀴 돌며 하나씩 뽑게 한다. 쪽지에 적힌 단어를 영어로 설명하면 반 친구들이 맞히는 게임이다. 이번에는 동물 이름이 적혀있다. 내가 뽑은 단어는 'Wolf'. 이제 내 차례다. 천천히 설명을 시작했다.

"They live in the mountains. They have four legs. Their bodies are covered with fur. They look like dogs." 그리고 마지막으로

"They cry at night, like this. Awooo!" 하고 늑대 울음소리를 내자 반 친구들이 "Wolf! Wolf!" 하고 외치며 모두 크게 웃었다. 교실 분위기가 후끈 달아올랐다.

짝지였던 후류는 콜롬비아 사람이다. 그와 짝지를 세 번이나 했다. 그는 나보다 영어 말하기를 잘하고 항상 친절했다. 내가 잘못 알아들으면 그의 공책이나 핸드폰에 영어 문장을 적어서 보여 주었다. 알아듣지 못해 당황할 때도 있었지만 그 모든 순간이 값지고 소중한 추억으로 남았다.

전에는 외국인을 보면 혹시 나한테 말을 걸까 봐 시선을 피할 때도 있었다. 이제는 서툰 영어지만 당당히 얘기할 수 있을 것 같다. 이번 어학연수를 계기로 자신감이 생겼다.

요즘 시니어 어학연수가 대세다. 몰타에서 어학연수를 온 나와 비슷한 또래를 여러 명 보았다. TV 프로그램에서도 늦기 전에 어학연수, '샬라 샬라'를 방영 중이다. 그들이 잔뜩 긴장해서 스피킹 테스트 받는 모습, 수업 프리토킹 시간에 나누는 대화 등. 못 알아들어서 동문서답하고 있는 모습이 너무 우스워 배꼽을 잡았다. 그 모습들이 낯설지 않았다. 몰타에서 영어 공부하던 나의 모습이 떠올랐기 때문이다.

지난해 4월 초 글쓰기 공부를 시작했다. 1년에 책 두세 권도 읽지 않는 나였다. 책 읽기는 나의 수면제이기도 했다. 요즘 많이 달라진 나를 발견하고 스스로 놀란다. 좀 창피한 이야기지만, 집 바로 근처에 있는 도서관도 처음 가 봤다. 이젠 교보에도 자주 들른다. 신간 서적을 둘러보고 마음에 드는 책을 한참 동안 들여다보고 오는 시간이 즐겁다. 최근 1년간 산 책이 60여 년을 살아오며 사 모은 책보다 많다.

딸은 태블릿을, 남편은 가벼운 새 노트북을 선물해 주었다. 열심히 해 보라고 응원을 아끼지 않는다. 몰타 한 달 살기 떠나며 그 노트북을 챙겨갔다. 여행 에세이 공저 짝꿍 퇴고를 몰타에서 했다. 글을 쓴다고 해외까지 노트북을 들고 간 건 처음이다. 바닷가 뷰 카페에서 일기를 쓰고 책을 읽었다. 미래의 작가를 꿈꾸면서.

21일 글쓰기 챌린지 도전도 세 번 성공했다. 지금도 또 다른 챌린지에 참여 중이다. 상으로 교보문고 상품권을 받았다. 매일 글감을 찾고 어떤 내용으로 쓸 것인지 고민한다. 하루는 거리에서 글감이 될 만한 사물을 찾아 배낭을 메고 길을 나선 적도 있다. 그렇게 나의 글쓰기 근육은 조금씩 자라고 있다. 챌린지 도전이 약간 부담스럽고 어렵기도 하지만 재미있다. '내일의 주제는 뭘까?' 궁금해하며 설레는 마음으로 기다리는 순간도 즐겁다.

강연자 김창옥은 '부자는 돈이 많고 잘 사는 사람은 추억이 많다.'라고 했다. 여행, 영어 공부, 책 읽기, 글쓰기, 발레, 그림 그리기 등. 하고 싶은 게 많아 하루 24시간이 모자랄 지경이다. 추억이 많은 잘 사는 사람이 되고 싶다.

다양한 활동으로 하루를 바쁘게 살고 있다. 딸은 그런 엄마가 멋있다고 말한다. 기분 좋고 힘이 나게 하는 최고의 찬사다. 사소한 거 하나에도 즐거워하는 엄마, 날씨가 조금만 좋아도 기분 좋아하는 엄마. 딸은 그런 엄마를 소녀 같다고 말한다.

가장 아름다운 순간은 과거가 아니라 지금이다. 현재를 잘 살아야 한다. 새로운 배움과 여행. 나에게 기쁨을 주는 미래는 기다리는 것이 아니라, 도전하고 만드는 것이다. 지금의 나를 사랑하고 건강과 행복을 지켜내며 인생의 황금기를 만들어가고 있다. 새로운 것을 도전하며 사는 삶이 신나고 즐겁다.

오늘도 나의 도전은 계속된다!

4-9.
나는 내가 키운다

이상순

 어릴 적 나의 꿈은 선생님이었다. 하지만 시기를 놓치니 자꾸만 달아나 버렸다. 체계적으로 공부하기 어려웠다. 성당에서 하는 성서 공부를 위해 아이 손잡고 해운대에서 가톨릭센터까지 갔다. 1시간 넘는 거리다. 버스 타고 한 번도 빠짐없이 다녔다.

 80년대 초부터 일반 신자들도 성서 공부할 수 있었다. 그때는 봉사자가 부족하여 한 과목씩 배우고 수료하면 선서하고 봉사자로 나갈 수 있었다. 그때 성지성당에서 연락이 왔다. 해운대에서 버스 두 번 갈아타고 다니며 봉사했다. 학교 선생님은 아니지만 남을 가르치고 지도하며 함께 공부하는 것이 너무 재미있고 좋았다. 특히 성서 봉사여서 더 그랬다. 지식만으로 하는 것이 아니다. 기도와 성령의 은혜를 구하며 겸손한 마음으로 해야 한다. 더 많이 기도하고 성령의 은혜를 청하며 하기에 신앙심도 좋아졌다. 감사하는 마음으로 열심히 했다.

　봉사란 나 자신이 더 배우고 성장하는 일이다. 봉사자 되면 노인들 위해 봉사하리라 생각했었다. 성경을 읽지 않고 주일이면 그냥 성당에 다니는 분들이 많았다. 가족만을 위해 희생하며 정작 자신의 영혼은 돌보지 않고 살아가는 분이 많다. 예수님을 제대로 알지 못하고 임종을 맞이하는 어른들을 보았다. 행복한 죽음을 맞이하게 해 드리고 싶었다. 성경을 모르면 예수님을 모르는 것이라 했다. 성경 읽는 방법을 알려 주었다. 그들이 자신을 찾고 기쁨을 알도록 도왔다. 행복한 삶을 살다가 하느님 품에 안겨 평안히 잠들게 하고 싶은 마음이다. 할머니들은 너무 재미있어하며 좋아했다. 아직도 연락하며 지내는 이들이 있다.

　어느 날 남편이 그림 공부해 볼 생각 있느냐 물었다. 부산 여자 전문대학 서양학과에 입학했다. 열심히 했다. 유화를 주로 그렸다. 졸업 때까지 여러 작품 남길 수 있었다. 대한민국 종합 미술대전에 출품하여 '우수상 수상', '일 미전 출품 입선', '부산 미술대전 입선' 했다. 남편이 내 재능을 칭찬해 주었다. "기대보다 너무 잘한다"라며 무척 좋아한다. 회갑이 되면 기념 전시회 하리라 생각하며 부지런히 그렸다.

　배우는 걸 좋아한다. 한지공예 배워 지도자 자격증도 취득했다. 운전을 배운 것도 잘 한 일이다. 운전할 수 있어 더 많은 곳 다니고, 배울 수 있었다. 차는 어디를 가도 발이 되어준다. 시간 낭비하지 않아 모든 일에 능률이 오른다.

그러나 모든 것은 나의 뜻대로만 되지 않았다. 건강에 이상이 생겼다. 목이 아파 통증에 시달리며 잠을 잘 수 없었다. 음식 삼키기가 어려웠다. 기력이 떨어졌다. 유화를 그릴 때 기름을 사용해야 하는데, 기름 냄새가 목에 치명적이라 했다. 건강 회복이 우선이었다. 나아지면 다시 하리라 생각하며 붓을 놓아야 했다.

부산 여전 다닐 때 다도반에서 일주일에 한 번 수업을 받았었다. 졸업하면서 계속 이어가지 못했다. 차를 좋아했다. 언젠가 다시 해야지 하는 마음 잊지 않고 있었다. 전원생활 꿈꾸었다. 조용하고 공기 좋은 밀양으로 이사 오게 되었다. 다시 차와 함께하는 생활을 하게 되었다.

우리 집 앞으로 가까운 곳에 산이 있다. 내가 누리는 정원이다. 봄이 되면 정원이 시시각각 변한다. 겨울 지낸 앙상한 가지에 꽃봉오리 터지기 시작한다. 봄에 가장 먼저 피는 꽃이 생강나무꽃이다. 앞산이 노랗게 물들어 가면 생강나무꽃이 핀 것을 알 수 있다. 꽃 따다 덖어 차 만든다.

분홍색 진달래가 산에 붉게 타오르기 시작한다. 진달래 따다 화전 부쳐 친구들과 나누며 즐긴다. 마당 정원 가장자리 뿌리내린 감나무잎이 피어난다. 부드러운 감잎 따서 감잎차를 만든다. 비타민 C가 풍부한 차가 된다.

텃밭에 하얀 민들레가 자라면 간에 좋다는 민들레차를 만든다. 목련이 피기 시작하면 비염에 특효라는 목련차도 만든다. 가을이면 화단에 심어놓은 소국이 화사하게 핀다. 심신을 안정시켜 잠을 잘 오게 하는 국화꽃차를 만들 수 있다. 산에 핀 들국화꽃도 좋다. 눈을 맑게 하는 메리골드, 머위잎으로 머위 차 등 자연에서 주는 재료로 다양한 차를 만들 수 있다. 특히 머위 차는 입맛을 돌게 하고 위에 좋다고 알려져 있다. 몇 년 전 밀양성당에 계시던 신부님이 위암으로 고생하셨다. 머위 차를 선물했더니 좋아하셨다. 손수 덖어 차 만들고 이웃에 나눈다. 공기 좋은 자연 속에서 행복을 누리는 삶이다.

신앙으로 쌓아온 친구 소개로 정원희 작가님을 만났다. 살아오면서 나도 책 한 권 내리라 생각했었다. 마음에만 담아 두었던 글쓰기 공부 기회가 왔다. 바로 등록했다. 노트북 할 줄 모르지만 배워가며 한다. 한 자 한자 자판 두드리며 글쓰기 한다. 재미가 쏠쏠하다. 강의 들을 수 있어 감사했다. 피곤해도 빠지지 않고 듣는다. 하나하나 짚어가며 살뜰히 가르쳐 주신다. 그동안 막막했던 글쓰기 공부가 정원희 작가님 덕분에 조금씩 풀리기 시작했다.

몇십 년 동안 신앙생활 하며 강의 듣고 메모하던 습관이 글쓰기에 도움 되었다. 하루 종일 책이나 보고 공부만 하라면 좋겠다. 나이 들어도 할 수 있다는 생각에 가슴이 설렌다. 이런 행운이 나에게 찾아오다니 나는 복이 많은 사람이다. 남편이 글쓰기 하도록 도와준다. 필요한 책 찾아서 내방에 넣어 주며 많이 읽고 많이 쓰라고 한다. 조언도 아끼지 않는다.

내가 있어야 가족도 함께할 수 있다. 이젠 당당히 나의 뜻을 펼치며 살아간다. 밝은 마음 긍정적인 생각으로 나를 찾아간다. 나를 알아가니 스트레스가 줄어든다. 내가 행복해야 모두가 행복한 것임을 이제야 깨달았다. 모든 일은 나 자신에게 달렸다. 내 안에 거인을 깨우는 건 나만이 할 수 있는 일이다.

'내가 나를 키운다.' 시간 낭비하지 않으려고 노력한다. '모든 것은 지나가는 것' 그동안 하지 못한 지난 일 후회하지 않는다. 지금부터 잘해 나가면 되는 것이다. 몇 개월 후면 책이 나오리라 생각만 해도 입가에 미소가 번진다. 훌륭하신 선생님과 작가님들과 함께여서 가능했다. 움츠리고 있었더라면 지금의 나는 없었을 것이다. '일흔 중반' 나이는 숫자에 불과하다. 이제부터 시작이다. 내 꿈을 펼치며 나를 키워간다.

4-10.
나답게

홍순옥

　이른 아침 기도를 끝내고 넓고 오목한 솥뚜껑 뒤집은 모양의 프라이팬을 전기 레인지 위에서 달군다. 김치냉장고에서 익힌 먹음직스러운 빨간 김치를 꺼내 나무 도마 위에 올린다. 볶음용으로 적당히 썰어 기름을 두른 프라이팬에 올린다. 김치가 다 볶아질 때쯤 달걀 두 개를 풀어 김치와 함께 볶는다. '지글지글' 소리를 내며 출근하는 아이들이 먹을 김치볶음밥을 만든다. 아침에 간단하게 먹을 수 있는 볶음밥과 비빔밥은 내가 자주 하는 요리다.

　아이들이 먹고 남은 밥은 내 도시락이 된다. 도시락을 싸서 가방에 넣고 집을 나선다. 승강기를 내려 현관문을 열고 나오면 눈이 환해지는 아파트 산책길이 지하철역까지 이어져 있다. 활짝 핀 철쭉과 만나기도 하고 이른 새벽의 여명과 만나기도 한다. 길가의 노란색 민들레와 만날 때도 있다.

결혼 전이나 결혼 후 한 번도 일을 쉰 적이 없다. 지치면 안 된다고 최면이라도 건 것처럼 말이다. 나에게 도움을 요청하는 농인들의 손을 잡아 주는 일이 내 삶의 중심이었다. 30여 년간 '수어 통역사'로 살아왔다. 또 누군가는 '사회복지사'라고 부른다. 하지만 나의 삶은 단순히 일로만 이루어진 것은 아니다. 사람을 사랑하고 관계 속에서 의미를 찾으며 나만의 길을 걸어왔다.

처음부터 수어 통역사가 직업이 아니었다. 매일 아침 긴 머리를 말리지 못한 채로 출근하는 날이 많았다. 못생겼다는 생각에 얼굴을 가리기 위해 긴 머리를 늘어뜨리고 다니기도 했다. "나는 결혼도 못 할 거야" 하는 생각과 함께 자존감이 너무 낮았다. 누구도 나를 좋아할 리 없다고 생각했었다. 어느 날 운명처럼 만난 수어 자원봉사자 단체. 사람들의 몸짓 표정과 허공에서 움직이는 손. 그렇게 어우러져 만들어내는 언어는 마치 마술을 부리는 것 같았다. 밝은 핀 조명이 수어에 맞춰 빛을 내며 그들의 움직임을 쫓는 듯했다. 조명이 빛나는 무대 위 배우들처럼 수어를 사용하는 그들의 표정은 활기차고 자신감이 넘쳤다. '나도 수어를 배우면 저렇게 멋질까?' 기대하게 했다. 처음 수어를 배우게 될 때는 그 일이 내 삶을 어떻게 바꿀지 전혀 몰랐다. 단순한 직업이 아니라 내 존재 자체가 되어버린 일이었다. 때로는 지치고 한계를 느끼는 순간도 많았다. 하지만 누군가가 내 손길로 인해 의미를 찾고 삶을 이어갈 용기를 얻을 때 나도 다시 힘을 낼 수 있었다. 손을 내밀어주는 사람이 있다는 것. 그것이 얼마나 큰 힘이 되는지 알기에 나는 멈출 수 없었다. 자존감이 올라가고 그 분야에 전문가가 되어갔다. 물론 그렇다고 일이 나에게 전부가 될 수는 없다. 아내이고, 엄마이고, 딸이고, 동생이고, 언니이며, 가족을 사랑하는 사람이다. 나는 사람을 좋아한다. 사람들과 연결되는 일을 좋아하는 사람이다.

수어 통역사의 큰 장점 중 하나는 통역하는 그 순간 바로 피드백을 받는 일이다. 청인(비장애인)과 농인을 이어주는 다리, 그게 수어 통역이 갖는 매력인 것 같다. 양쪽의 생각과 의견을 잘 전달하는 것이 중요한 과제다. 농인들이 통역사에게 가장 절실히 요구하는 건 감정전달이다. 그들의 감정과 생각을 있는 그대로 전달한다는 거 그건 결코 쉬운 작업이 아니다.

통역을 시작한 지 10년쯤 되었을 무렵 문득 깨달았다. '이들은 비장애인들 사회 속에서 평생 외딴섬처럼 갇혀 살아왔겠구나!' 그제야 조금씩 그들의 분노와 속상함, 허탈감 안타까움, 때로는 비참함까지 느껴졌다. 그 감정들이 내 안에 스며들며 통역에도 자연스럽게 그들의 감정을 조금씩 담을 수 있었다.

밤이 깊은 시간임에도 영상통화 벨 소리가 울렸다. 화면 너머로 곧 울음을 터뜨릴 듯한 표정의 농인을 마주했다. 태어난 지 얼마 되지 않은 아기 엄마이다. 아기가 계속 울고 열이 떨어지지 않아 머리가 뜨겁다고 했다. 어떻게 하면 좋을지 몰라 허둥대는 마음이 고스란히 전해졌다. 해열제는 먹였는지 물었다. 먹였다고 했다. 그래도 열이 내려가지 않는다고 했다. 내가 알고 있는 상식대로 옷을 벗기고 따뜻한 물수건으로 몸을 닦아주라고도 했다. 열을 재봤는지 확인했다. 몇 번의 영상통화를 한 후 아침에 병원에서 만나기로 했다.

어떤 날은 아이가 학교에 오지 말라고 했다며 눈물을 흘린다. 다른 친구들에게 엄마가 수어 하는 모습을 보이기 싫다는 것이다. 엄마가 어떻게 해 줄 수 없는 일이라며 눈물이 흐른다. 어떤 말로도 아이를 달래기에는 충분하지 않음을 느낀다.

수어를 사용한다는 건 잘못이 아니다. 단지 언어가 다를 뿐이다. 세상에는 서로 다른 언어를 쓰는 사람들이 얼마나 많은가. 하지만, 이 단순한 사실을 어린아이들에게 설명하고 이해시키는 일은 전혀 쉽지 않다. 그래도 언젠가는 충분히 알게 될 거라며 마음을 다독인다.

이처럼 일상에서 마주하는 순간들은 늘 가슴을 먹먹하게 한다.

"눈 뜨세요. 눈 뜨고 저를 보셔야 얘기를 할 수 있어요. 눈 뜨세요." 병상에 누워 힘이 없어 자꾸 눈을 감는 농인분에게 하얀 가운에 소매를 걷어붙인 의사가 말한다. 눈을 감고 있으니 소통할 수가 없다. 수어는 시각 언어라 서로 볼 수 있어야 대화가 가능하다. 참 어려운 상황이다. 그런 상황 속에 수어 통역사인 내가 있다. 책임감뿐만 아니라 속상함과 인내심 그리고 사랑이 필요할 때가 많다.

퇴직이 가까워져 오고 있다. 상담 통역을 마친 어느 날 상담센터 원장님이 조심스레 말을 건넸다. 내가 퇴직하면 그동안 나와 소통해 온 농인들은 어떻게 하냐며 걱정 어린 마음으로 물었다.

평상시 내 모습이 엄마 같았다며 염려했다.

그 말을 듣고 잠시 멈춰서 나의 시간을 되돌아보았다. 그들을 그렇게 품고 있었던 걸까 그랬을 수도 있었겠다. 하지만 이제는 안다. 내가 이들을 계속 품어줄 수는 없다. 그들도 각자의 방식대로 잘 살아갈 것이다. 나와 같은 통역사들은 많다. 지금 같이 일하는 따뜻한 마음을 가진 후배 통역사들이 이미 많이 자리 잡고 있다.

이제는 조용히 내 자리를 물 흐르듯 다음 세대에 내어줄 준비를 한다.

나는 나답게 일하며 갈 것이다. 내 손길이 필요한 곳이 있다면 나는 기꺼이 또 나설 것이다. 가까운 곳에서부터 사람들과 연결하며 함께 나아갈 방법을 찾을 것이다. 일은 단순한 생계 수단이 아니었다. 삶을 의미 있게 만들어 주는 중요한 가치였다. 그리고 또 그렇게 만들어갈 것이다.

나는 사회복지사이면서 가족을 사랑하고 여행을 즐기는 사람이다. 내 삶은 일과 가족 그리고 나 자신을 찾아가는 여정 속에서 점차 완성되어 간다. 앞으로도 나는 내가 걸어온 길을 더 의미 있게 만들어가고 싶다. 누군가가 내 이야기를 읽고 작은 용기라도 얻어갈 수 있다면 그것만으로도 충분히 행복할 것이다.

마치는 글

김경애

막연한 꿈을 실천해 보자는 마음으로 글을 쓰기 시작했다. 하지만 글을 쓴다는 건 나를 솔직히 드러내야 하는 일이었다. 두려웠고, 자주 멈췄고, 다시 지우기를 반복했다. 그 시간은 고되었지만 나를 마주하게 했다. 나의 첫 글을 읽고 펑펑 울어주었던 친구와 언제나 내 편이 되어준 가족들에게 이 마음을 전하고 싶다. 참 고맙다고. 나는 다시 꿈꾼다. 나의 지난 시간이 누군가에게 작은 용기이길. 어디선가 꺼져가던 마음에 작은 불씨 하나로 닿기를.

김연희

우연한 계기로 글쓰기 공부를 시작하였다. 그동안의 삶 하나하나 기억해 내는 과정은 특별했다. 글쓰기 내내 현재와 과거 오가며 희로애락이 요동쳤다. 막상 글 쓰려니 얽히고설킨 실타래처럼 정리가 되지 않았다. 줌 강의 듣고 책 읽으며 고쳐쓰기 수도 없이 반복했다. 고군분투 과정 끝에 네 꼭지 글 완성했을 때 성취감으로 뿌듯했다. 함께여서 가능했다. 지나온 삶 되짚으며 쓴 글 덕분에 지금, 이 순간 더없이 소중하고 감사하게 만드는 시간이 되었다.

김정갑

김수하 작가 초대로 〈여기까지 참 잘 왔다〉 출판기념회에 참석했다. 공저 작가의 진정성과 도전 정신에 감동 받았다. 함께여서 가능했다는 말에 심장이 쿵쾅거렸다. 내 나이 일흔여덟에 작가로 가는 티켓을 끊었다. 행복 여행 시작되었다. 매일 쓰고 읽으며 정규 수업, 문장 수업, 특강까지 참가한다. 공부에는 왕도가 없다. 반복해야 한다. 블로그에 쌓은 글로 전자책 발행을 준비 중이다. 종이책 넘나드는 방향을 제시하는 정원희 코치님의 탁월한 지도력이 있었다.

김정숙

글쓰기 강의를 소개받고 공저에 덜컥 참여했을 땐 막막함뿐이었다. 정원희 교수님의 강의 들으며 공저 작가님들의 진심 어린 글을 만날 수 있었고 그것이 큰 용기와 위로가 되었다. 글을 쓰며 소중한 순간들은 기록할 때 더욱 선명해지고 나눌 때 더 깊어진다는 것을 배웠다. 부끄럽지만 이 글이 누군가의 기억과 마음을 조용히 어루만지는 작은 위안이 되었으면 한다. 포기라는 선택보다 끝까지 써낸 자신에게도 조심스레 잘했다며 칭찬해 본다.

문현순

56년간 살아오며 수없이 부딪히고 넘어지고 다시 일어나 지나온 지금, 조용히 자신에게 말한다. "그래도 여기까지 참 잘 왔다." 무뚝뚝한 아버지의 사랑과 삶의 지혜를 터득했다. 33년 결혼생활에서 배우자의 세 번의 가출이라는 폭풍도 있었지만, 함께 걸어가는 시간은 더 배우고 성장하게 한 여정이었다. 아이들과도 멘토이자 멘티로 인생의 깊이를 알고, 그 안에서 삶의 의미를 배웠다. 지금 내가 아름다운 건 단단함 때문이다. 고단했던 날들 속에도 사랑과 성장이 있었다. 잘 살아왔고 잘 살아갈 것이다.

박은경

수학을 전공한 나는 글쓰기가 늘 부담스러웠다. 그래도 편지 쓰기를 좋아했고 누군가의 마음을 울리는 감성만큼은 간직하고 있었다. 정년퇴직 후 정원희 교수님과의 인연으로 용기를 내어 글쓰기에 도전했다.

길은 멀고 힘했다. 나는 아직 그 길에 푹 빠지지 못했다. 그럼에도 공저 『여기까지 참 잘 왔다』를 함께 펴내며 지금까지의 삶을 돌아보는 소중한 시간을 가질 수 있었다. 포기하지 않도록 이끌어 주고 용기를 북돋아 준 조희숙 작가님과 정원희 교수님께 진심으로 감사드린다.

신미앵

내가 지금까지 살아온 시간을 돌아보는 중요한 계기가 되었다. 꼭 한 번은 이런 시간이 필요하다.

60년을 넘긴 때에 이 시간을 가질 수 있어서 행운이다. 내가 의도하지 않았던 삶으로 방향이 잘못 갔더라도 다시 좋은 방향으로 전환할 수 있는 길이 꼭 있다고 전하고 싶다. 늘 꿈꾸던 인연을 만나면 꼬였던 실타래가 술술 풀리는 일이 여기에 있다. 긍정의 씨앗을 품고 태양을 향해 걸어가면 노년에 맛난 과실을 풍성하게 수확하는 비법, 글쓰기는 모두에게 희망의 메시지가 될 것이다.

양정회

1년에 책 두세 권도 읽지 않는 나였다. 책 읽기는 나의 수면제이기도 했다. 쓰고 읽고 고쳐 쓰기를 수없이 반복해 여기까지 왔다. 딸로, 아내로, 엄마로 살아오며 보냈던 시간, 나로 살아가는 인생 2막. 이 글을 쓰며 나를 뒤돌아보게 되었고 나는 그만큼 성장하는 계기가 되었다. 어설픈 내 글을 세상 밖으로 내보내려니 부끄러운 마음이 앞선다. 새로운 것에 도전하는 삶이 신나고 즐겁다. 힘들었던 시간을 잘 견뎌낸 누군가에게 용기를 주고 따뜻한 위로가 되었으면 한다.

이상순

〈여기까지 참 잘 왔다〉 출판 기념회에 김수하 작가 초대로 참석했다. 책 한 권 내고 싶다는 막연한 꿈이 있었다. 기념회는 화려하지 않아도 풍요롭고 따뜻함이 느껴졌다. 오래된 친구를 만난 듯한 분위기가 좋았다. 공저에 참여한 작가님들의 '함께여서 가능했다'라는 말에 용기 냈다. '몰라도 괜찮다. 할 수 있도록 도와주겠다'라고 했다. 한결같은 온유함으로 지도해 주는 정원희 작가님, 함께한 작가님들 덕분에 여기까지 왔다.

홍순옥

이 글은 나의 삶을 되돌아보는 기록이자 고백이다. 가족의 상처, 갈등, 회복, 그리고 용서하고 싶은 마음 담고 싶었다. 어려움 속에서 버텨낸 삶의 이야기들이 누군가에게 작은 위로와 용기가 되길 바란다. 모든 순간이 쉽지 않았다. 그래도 결국 우리는 그렇게 살아낸다. 나의 이야기를 다른 사람과 나눈다는 건 쉽지 않은 도전이고 용기였다. 이 글을 읽는 독자들이 '나도 그랬는데….'라고 공감할 수 있다면 그것으로 충분하다. 그런 생각으로 자신의 삶도 충분히 잘 살아내고 있다는 사실을 알아갔으면 좋겠다.